AF331941

GUIDES DIAMANT

ALGER

ET SES ENVIRONS

HACHETTE

2 FR. 50

PUBLICITÉ DES GUIDES DIAMANT

ALGER

HÔTELS & ÉTABLISSEMENTS DIVERS

GUIDES DIAMANT

ALGER

ET SES ENVIRONS

5 PLANS, 2 CARTES ET 18 GRAVURES

LIBRAIRIE HACHETTE

79, Bd SAINT-GERMAIN, PARIS

1923

Une rue de la ville haute

La Marine.

VOIES D'ACCÈS

De Marseille a Alger, bateau. 45 k. ou 402 milles marins : — *Cie générale transatlantique*, 3 services rapides par sem. en 28 h. env., départ les mardi, jeudi et sam. à 12 h.; 300 fr., 210 fr., 110 fr. avec nourriture, et 50 fr. sans nourr. — *Cie de navigation mixte*, 1 serv. hebdomadaire, en 28 à 32 h., départ le mardi à 12 h.; 250 fr., 175 fr., 90 fr. avec nourriture, et 45 fr. sans nourr. — *Société générale de Transports maritimes*, 1 service hebdomaire, en 30 h., départ le sam. à 18 h.; 125 fr., 60 fr. avec nourriture, et 30 fr. sans nourr.

De Port-Vendres a Alger. bateau, 659 k. ou 356 milles marins : — *Cie de navigation mixte*, 1 service rapide hebdomadaire en 22 à 24 h., départ le dim. à 13 h.; 250 fr., 175 fr., 90 fr avec nourriture, et 45 fr. sans nourr. — L'embarquement à Cette prolonge la traversée de 6 h.

D'Oran a Alger : 1º ch. de fer, 422 k. en 10 h. env.; 117 fr. 05, 83 fr. 65, 62 fr. 75; — 2º route, 462 k. par Mostaganem, Orléansville, Miliana et Blida.

De Constantine a Alger : 1º ch. de fer, 461 k. en 12 h.; 128 fr. 60, 91 fr. 85, 68 fr. 90; — 2º route, 478 k. par Sétif et Bougie.

De Tunis a Alger : 1º ch. de fer, 892 k., en 24 h. 30 env.; 238 fr. 80, 170 fr. 95, 126 fr. 85; — 2º route, 964 k. par la Calle, Bône, Constantine, Sétif et Bougie.

Alger. — 1923.

ALGER

Situation. — Aspect général.

ALGER, capitale de l'Algérie, résidence du gouverneur général
et des chefs des services civils et militaires, ch.-l. du département
(1,785,857 hab., dont 308,132 Européens) et de la division de ce
nom, siège d'un archevêché, est situé par 36°47' de lat. N. et 0°44'
de long. E., sur la côte N. de l'Afrique. Sa population, y compris
Mustapha, dépasse 200,000 hab. et, avec le faubourg de Saint-
Eugène, 206,600 hab.; on y compte environ 45,000 indigènes
musulmans et 15,000 israélites naturalisés; les étrangers, en
grande majorité Espagnols et Italiens, sont très nombreux (plus
de 30,000). L'agglomération algéroise a plus que triplé en moins
d'un demi-siècle : elle comptait 40,000 hab. seulement en 1830,
63,000 en 1876, 92,000 en 1886, 129,000 en 1896, 138,000 en 1901,
150,000 en 1906, 166,000 en 1911, 206,595 en 1921.

Pour comprendre la configuration d'Alger, il faut se rendre
compte que la ville a été gênée dans sa croissance, d'une part par
les fortifications et les servitudes militaires, d'autre part par la
disposition même du terrain, qui ne laisse au bord de la mer
qu'une étroite bande à peu près plane, dominée immédiatement en
arrière par des coteaux escarpés.

L'Alger turc avait la forme d'un triangle dont le sommet était à
la Kasba et dont la base, sur la mer, s'appuyait à un front de
falaises rocheuses, remplacées auj. par le boulevard de la République; les deux autres côtés sont assez exactement indiqués par
le boulevard Valée et le boulevard Gambetta, larges escaliers avec
terre-pleins qui aboutissent, le premier à la mosquée de Sidi Abd
Er Rahmane, derrière le lycée, le second au marché de la Lyre,
derrière le théâtre. Ces escaliers ont été établis sur les fossés des
anciens remparts turcs, dont on peut encore étudier l'architecture
dans quelques parties restées debout du côté du S.-O. et du N.-O.

L'Alger français s'est fait au jour le jour, au hasard des besoins
et des spéculations. Il s'est d'abord étendu jusqu'aux limites que
lui fixait l'enceinte bastionnée construite en 1845, non sans
répandre des constructions au delà dans les faubourgs de Mustapha au S., de Bab El Oued et de Saint-Eugène au N. Une nouvelle phase a commencé dans l'expansion de la ville lorsque cette
enceinte a été démolie en 1900 dans les parties voisines de la mer,
et remplacée au S. et au N. par les boulevards militaires Laferrière
et Général-Farre.

Panorama d'Alger.

Alger s'étend tout en longueur; les constructions sont presque ininterrompues sur une étendue de plus de 16 k. du N. au S., de la pointe Pescade à Hussein Dey et même à Maison-Carrée. Le centre de gravité de la ville se déplace peu à peu vers le S., dans la direction de Mustapha, où se trouve, autour du Champ de manœuvres surtout, un emplacement favorable au développement urbain. La création de lignes de trams électriques, fréquents et peu coûteux, a remédié aux inconvénients de cette configuration singulière de l'agglomération algéroise.

Le touriste, pour bien s'orienter, devra observer que la baie d'Alger s'étend à *l'est* de la ville et non au *nord* : Bab El Oued est donc au N. d'Alger, El Biar à l'O., Mustapha au S., la mer à l'E.

Alger jouit d'une température très douce en hiver (moyenne du mois le plus froid : 12°,2); le thermomètre ne s'abaisse pour ainsi dire jamais au-dessous de 0°. C'est une ville d'hivernage tout à fait recommandable.

Renseignements pratiques.

ARRIVÉE

Compagnies de navigation : — L'embarquement et le débarquement se font à quai ou sur des chalands rangés bord à quai (omnibus des hôtels, voit. de place et porteurs); les bagages enregistrés à bord *sont délivrés* 2 h. env. après l'accostage (visite douanière). — BUREAUX : *Cie générale transatlantique*, bd Carnot, 6; *Cie de Navigation mixte* ou *Touache*, r. Littré, 1; *Société de Transports maritimes*, r. de Constantine, 1.

Gares : — Les deux grandes lignes ferrées qui ont leur point de départ à Alger, celle d'Oran (P.-L.-M.) et celle de Constantine (État, anc. Est-Algérien), utilisent les mêmes gares, l'une à Alger même en contre-bas des bds de la République et Carnot, sur le quai du port, l'autre à Mustapha dans le quartier de l'Agha Inférieur (omnibus des hôtels, voit. de place et porteurs; omnibus particuliers, à 4 et à 6 pl., du P.-L.-M. et de l'État; — *bureau de ville* (État et P.-L.-M.), r. Dumont-d'Urville, 3 (billets et enregistrement des bagages); — pour les omnibus particuliers, s'adresser r. Dumont-d'Urville, 3, ou, au moins 6 h. à l'avance, à l'*agence Lubin*, r. de la Liberté, 7.

RENSEIGNEMENTS DE SÉJOUR

Hôtels : — en ville : *Excelsior* (Pl. *c* A3), r. d'Isly (rest., bar américain); * *de la Régence* (Pl. *a* D3), pl. du Gouvernement, T. C. F. (ch. dep. 10 fr.; rep. dep. 8 fr. 50); * *de l'Oasis* (Pl. *b* C3), bd de la République, 9 (ch. dep. 9 fr.; rep. dep. 11 fr.; pas de rest. de juillet à octobre; asc.); *des Négociants*, r. d'Isly (ch. dep. 6 fr.; rep. dep. 6 fr.); * *Regina*, bd Bugeaud, 27, près de la poste, T. C. F. (ch. dep. 7 fr., rep. dep. 8 fr.); *Albert* (Pl. *y* A3), av. Pasteur (ch. dep. 6 fr.; rep. dep. 8 fr.); *de Nice*, r. de la Liberté et square de la République; *de Madrid*, r. de la Marine, 2 (ces derniers, modestes).

A Mustapha supérieur, où descendent d'ordinaire les personnes qui veulent faire un séjour à Alger : — * *Saint-Georges* (ch. dep. 16 fr.; rep. dep. 16 fr.; autobus à l'arrivée des courriers de France; jardin et tennis; fermé du 16 mai au 14 octobre; gar.); *Alexandra* (ch. dep. 10 fr.; rep. dep. 10 fr.; chauff., gar.); * *Continental* (ch. dep. 15 fr.; rep. dep. 14 fr.; jardin; chauff.; fermé de mai à octobre; gar.); * *Oriental* (ch. dep. 12 fr.; rep. dep. 9 fr.; jardin et tennis; chauff.; fermé de juillet à septembre; gar.); *Beau-Séjour*, T. C. F. (chauff.; gar. à proximité).

Tous ces hôtels, sauf le Continental, sont sur la r. Michelet, prolongée au delà du plateau Saulière (route de la Colonne Voirol). On accède à l'hôt. Continental par le bd Bon-Accueil.

Hôtels-pensions : — *Mondy*, r. Michelet, 56; *Villa des Orangers*, à la Colonne Voirol, sur la route d'El Biar (cures de repos); *de l'Olivage*, à Mustapha supérieur, près du bois de Boulogne (ch. dep. 6 fr.; rep. dep. 12 fr.

Hôtels meublés : — *Terminus et d'Europe* (Pl. *e* C3), square de la République et bd Carnot : *Royal-Hôtel*, bd de la République, 10 (ch. dep. 8 fr.); *des Étrangers* (Pl. *d* C3), r. Dumont-d'Urville, 1 (ch. dep. 9 fr.; asc.; ch. noire); *Arago et du Palmier*, r. Arago, 6, T.C.F. (ch. dep. 6 fr.); *Central Touring* (Pl. *f* B3), r. de Constantine, 9 (140 ch. dep. 7 fr.; 20 salles de bains; asc.; salons; ch. noire); *des Bains de Chartres*, r. de Chartres, 31 (ch. dep. 4 fr.; bains et douches); *Moderne*, r. de la Liberté, 7 (ch. dep. 8 fr.); *de la Poste*, r. Ledru-Rollin, 6; *de Paris*, même r., 5; *des Familles*, r. Colbert, 7; *Victoria*, même r., 6; *du Palais*, r. de Constantine, 18; *Clauzel*, r. Clauzel, 8.

Agences de location : — *Pelaz*, r. d'Isly, 3; *Copin*, bd Laferrière, 6. etc.

Restaurants et brasseries-restaurants : — *Grüber*, bd de la République, 7; *London House* ou *de l'Oasis*, bd de la République, 9 (prix fixe et carte; grill-room; bar américain; fermé de juillet à octobre); *de Nice*, square de la République (modeste); *Genevois*, r. Dumont-d'Urville, 2.

On prend volontiers ses repas aux **brasseries :** *Terminus*, bd Carnot, *de du Phénix*, r. Dumont-d'Urville, 2; 1; *l'Étoile*, r. d'Isly, 20; *Suisse* et *Lorraine*, r. de la Liberté, respectivement nos 3 et 5; *Gambrinus*, 11 bis, r. d'Isly.

On peut aussi déjeuner d'huîtres, de coquillages et de poisson aux escaliers de la Pêcherie, près de la pl. du Gouvernement (chez *Cassar* et *Azzopardi* notamment). — Pour manger de bon couscouss, plat national des indigènes, on ira aux *restaurants arabes* sis r. de la Marine, 3, r. Sadi-Carnot, 10, et à l'entrée de la r. de Chartres.

On va goûter aux *confiseries : Goul-thière*, r. Bab Azoun, 2, *Gailloud*, même r., 14; *la Potinière*, r. de Constantine, 9, *Princière*, r. Michelet, 39; *Keller*, r. d'Isly, 12; *Wistaria*, r. d'Isly, 62.

Au jardin d'Essai, rest. *de l'Oasis-des-Palmiers, de la Closerie-des-Palmiers et des Bains.* — A El Biar, *le Petit-Château-Neuf* (Mallard), sur la route de Chéraga et de Ben Aknoun. — A Bouzaréa, * *Céleste-Hôtel*, belle situation, et hôt. *de France*.

Cafés : — *Grüber*, bd de la République, 7; *d'Alger* (brasserie de Tantonville), pl. de la République; *Continental*, pl. de la République; *d'Apollon*, pl. du Gouvernement.

Bains : — *du Hamma*, r. du Hamma, 1, près du Théâtre : *de Chartres*, r. de Chartres, 31; *parisiens*, r. Bad El Oued, 36. — A Mustapha, *bains Michelet*, r. Michelet et r. Richelieu, 25, et *Institut thermo-orthopédique* (massage), r. Michelet, 1 bis. — *Bains maures*, r. de l'État-Major, 2, r. Porte-Neuve, 30; etc. — *Bains de mer* : à Alger même, près de l'avenue Bab El Oued (*bains Nelson et des Familles*); à Mustapha, *plage du Jardin d'Essai*.

Postes et télégraphes : — *Bureau central* : à l'angle du bd Laferrière et de la r. d'Isly (bureau télégraphique ouvert toute la nuit). Un tableau affiché indique les jours et heures des levées pour la France; la dernière levée est faite à 11 h., pour les courriers de la Cie Transatlantique, partant à midi; — *bureaux-succursales* : à Alger, bd de France, 6 (palais Consulaire), et r. de Strasbourg, 2 (entre le bd Carnot et la r. de la Liberté); à Mustapha, r. Michelet, 63, plateau Saulière), au palais d'été (Mustapha-Supérieur), etc.

Banques : — *de l'Algérie*, bd Carnot, 8; *Compagnie algérienne*, r. Dumont-d'Urville, 1 bis; *Crédit lyonnais*, bd de la République, 6; *Crédit foncier d'Algérie et de Tunisie*, même bd, 8; *Crédit agricole et commercial algérien*, même bd, 4; *Société générale*, bd de la République et r. d'Isly, 49.

MOYENS DE TRANSPORT

Voitures de place (à chev.) : — 1re zone (ville basse, du Champ de manœuvres au cimetière européen de Saint-Eugène inclus), la course

2 fr.; *2e zone* (ville haute, jusqu'aux Deux-Moulins au N., jusqu'au palais d'été et à Belcourt au S.), la course 3 fr.; pour le jardin d'Essai, tarif spécial de 5 fr., aller et ret.; *3e zone* (au delà des limites de la précédente), pas de tarif à la course, l'h. 4 à 5 fr. (indemnité de retour de moitié du prix de l'aller, s'il y a lieu), la demi-journée de 6 h. 20 fr., la journée de 12 h. 35 fr. Majoration de moitié de minuit à 6 h. mat. On paie 50 c. par gros colis.

Voitures de grande remise : — *C*ie *générale des voitures*, r. de Strasbourg, 7; *Vitoz*, r. Michelet, 105; *Sanino*, même r., 117.

Autos de place : — stations, square de la République, r. Garibaldi; faire prix.

Trams électriques (*arrêts :* poteaux peints en blanc pour les T. A. et en rouge pour les C. F. R. A.).

A. Tramways algériens (T. A.). Station centrale, pl. du Gouvernement, entre les r. Bab Azoun et Bab El Oued. Ces lignes passent par les artères centrales d'Alger (r. Bab El Oued, Bab Azoun, d'Isly) et de Mustapha (r. Michelet) et desservent, d'une part le faubourg Bab El Oued, d'autre part Mustapha supérieur : 1o *De l'hôpital du Dey* (Bab El Oued) *à la Station Sanitaire* (plateau Saulière); 2o *De la Station Sanitaire à la Colonne Voirol* (t. i. 30 m.); 3o *De la Station Sanitaire au bd Bru* (t. 1. 30 min.); 4o *De l'Opéra* (square de la République) *à la Colonne Voirol*.

B. Chemins de fer sur routes algériens (C. F. R. A.). Station centrale, pl. du Gouvernement, près de la statue du duc d'Orléans. Ces lignes, parallèles aux précédentes, passent plus près du rivage (bds Amiral-Pierre, de France, de la République et Carnot, r. de Constantine, Baudin et Sadi-Carnot) et desservent les parties inférieures d'Alger, de Bab El Oued et de Mustapha, allant en outre jusqu'à Saint-Eugène-Deux-Moulins d'une part, et jusqu'à Maison-Carrée d'autre part. — *De la place du Gouvernement :* 1o *à Mustapha inférieur* et *à Belcourt; aux Platanes* (jardin d'Essai); *au Ruisseau* (t. 1. 20 min.); *à Kouba* (t. 1. 30 min.); 2o *à Musta-*

pha *inférieur, à l'Abattoir* et *à l'Oasis des Palmiers* (jardin d'Essai); *à Hussein Dey* et *à Nouvel-Ambert; à Maison-Carrée* (place; t. 1. 20 min.); 3o *à Bab El Oued, Saint-Eugène* et *les Deux-Moulins.*

LIGNES SUBURBAINES (à vapeur) : — Station centrale, r. Waïsse (là seulement sont acceptés et livrés les bagages) : — 1o *D'Alger à Koléa* (47 k., en 3 h. env.), par la pointe Pescade, Guyotville. Staouéli. Pont-du-Mazafran; à *Pont-du-Mazafran*, embranch. de (11 k.) *Castiglione* (corresp. pour *Tipaza*); 2o *D'Alger à Aïn Taya* (32 k., en 2 h. 15), par Maison-Carrée et Fort-de-l'Eau; 3o *D'Alger à Rovigo* (37 k., en 2 h. 20), par Maison-Carrée et l'Arba.

C. Tramways et Messageries du Sahel (T. M. S.). Station centrale, pl. du Gouvernement : *D'Alger à El Biar*, par la r. de la Lyre, les tournants Rovigo et la prison civile; t. 1. 15 min. jusqu'à la *prison civile*: t. 1. 30 min. jusqu'à *El Biar*, avec extension jusqu'au *Château-Neuf* t. 1. h. ou t. 1. 2 h.; correspond. au Château-Neuf pour *Ben Aknoun* (tram) et *Bouzaréa* (omnibus); s'informer des heures des correspondances à la station centrale de la pl. du Gouvernement.

Voitures publiques pour la *banlieue d'Alger*, le *Sahel* et la *Mitidja* (peu confortables) : — départs de la pl. du Gouvernement, de la pl. de la Pêcherie ou de la poste centrale: fréquents changements d'horaires.

Auto-Circuits Nord-Africains : — Ces voyages accompagnés permettent de visiter dans les conditions les meilleures les villes et les sites les plus réputés de l'Afrique du Nord; renseignements, aux bureaux de la *C*ie *Transatlantique*, bd Carnot, 6.

Auto-garages : — *Grand garage métropole*, r. d'Isly, 39; *Etablissements Vinson* (Peugeot), bd Baudin, 21; *Villa et C*ie, bd Carnot, 25; *Vincent frères*, r. de la Liberté, 28; *Féraud*, r. Michelet, 10; etc. *Ambrosi et C*ie, r. d'Isly, 53 et *P. Vella*, r. du Hamma, 5, font la location d'autos pour excursions.

Cycles : — *Le Gerrier*, r. de Constantine, 15; *Bastelica*, r. d'Isly, 32; *Landreau*, r. Sadi-Carnot, 11 bis.

Agences de voyages : — *Lubin,* **r.**

de la Liberté. 7 (renseignements, billets et omnibus de chemin de fer, excursions collectives); *Cook*, r. Michelet, 280, à Mustapha. Ces agences organisent des excursions en voiture et en auto pour toutes directions.

DISTRACTIONS ET SPORTS

Théâtres : — *Opéra municipal*, pl. de la République. Saison d'hiver : grands opéras, opéras-comiques, drames et vaudevilles; *Casino*, r. d'Isly, 9 (concerts, spectacles variés); *Alhambra*, r. d'Isly, 29 (opérette, comédie); *Nouveau-Théâtre*, r. Eugène-Robe (music-hall et cinéma).

Cercles et clubs : — *Automobile-Club d'Algérie*, bd Carnot, 21; *Club anglais*, à Mustapha supérieur, r. Michelet prolongée; *Cercle militaire*, r. Médée, 6, et r. Corneille, à l'angle de la pl. de la République.

Associations diverses : — *Syndicat d'initiative d'Alger*, r. Dumont-d'Urville, 3; *Automobile-Club d'Algérie*, bd Carnot, 21; *Sport nautique*, quai Nord, 9; *Société hippique*, r. Arago, 2; *Golf-Club*, à l'Olivage; *Club Alpin Français (section de l'Atlas)*, et *Touring-Club de France*, chemin du Télemly.

DIVERS

Journaux : — *Dépêche algérienne* et *Echo d'Alger*, quotidiens du matin, 10 c.; *les Nouvelles*, quot. du soir, 10 c.; *Annales africaines* et *Evolution nord africaine*, journaux hebdomadaires; *l'Algérie sportive*; il se publie enfin à Alger une grande revue illustrée, *l'Afrique du Nord illustrée*, hebdomadaire. — Les journaux de France sont mis en vente dans de nombreux kiosques.

Libraires : — *J. Carbonel* (ancienne maison Jourdan), pl. du Gouvernement; *Ruff*, r. Bab Azoun, 8; *L. Relin*, r. d'Isly, 11; *Chaix*, r. d'Isly, 11 bis; *Librairie anglaise* à Mustapha-Supérieur, près de l'église anglicane.

Photographie : — *Vollenweider*, r. du Divan, 4; *J. Geiser*, pl. de Chartres, 4, *Eichacker*, r. Bab Azoun, 18, et *Max*, pl. de la République, 7 (photographes); *A. de Noter*, r. Bab Azoun, 26, *Rogier et Milhaud*, même r., 14, *Massia*, r. Dumont-d'Urville, 15, et *Ruédy*, r. de la Liberté, 10 (appareils et produits photogr.).

Tabacs : — *Louis Tinchant* (Ledoux), bd de la République, 7; *José Tinchant* (de Harven), même bd, 2; *Mélia*, pl. du Gouvernement et r Bab El Oued, 1; *Montoyo*, pl. du Gouvernement et r. Bab Azoun, 2; *Climent* (Poinsot), r. Bab Azoun, 28; bon tabac maure (chebli) chez des débitants indigènes, notamment chez *Bachir Ben Smaya*, r. de Chartres, 2.

Curiosités indigènes ou orientales : — *Del Papa*, r. Saint-Louis, 2; *Vitali-Franses*, r. Bab Azoun, 12; *Dorez* (surtout bijouterie), r. Soggemah, 10, dans une maison mauresque; *Vve Ratto* (bijouterie), r. de l'Etat-Major, 5; *Nassan*, pl. Malakoff, 6; *Zagha* (cuivres de style oriental), r. Bruce, 27, à l'angle de la pl. Malakoff; autres marchands d'articles algériens ou orientaux, bd de la République, galerie Sarlande (pl. du Gouvernement), r. Bab Azoun et de la Lyre. — On pourra visiter les ateliers de la *manufacture de tapis algériens*, bd Valée, 84, près de la prison civile, et ceux de l'avenue du *Frais-Vallon*, 21, à Bab El Oued (visibles t. l. j., sauf le sam. après-midi). Les *ateliers de céramique* Langlois (Delduc successeur) et Soupireau reconstituent d'une manière intéressante des spécimens de l'art oriental ancien. — Les *ouvroirs de filles indigènes* de la r. Marengo et de Belcourt exécutent de magnifiques tapis et broderies.

Bazars, articles de voyage : — *Galeries de France*, r. d'Isly, et autres maisons dispersées sur différents points de la ville.

Fruits et primeurs (colis postaux) : — expéditeurs aux escaliers de la Pêcherie (notamment *Montebello*), r. Dumont-d'Urville (*Lassolle*, au n° 3), r. de l'Aigle (*Lebel*, près de la r. Bab Azoun), r. d'Isly, etc.

Sociétés diverses : — *Société de Géographie d'Alger et de l'Afrique du Nord*, qui donne de fréquentes conférences pendant la saison d'hiver, bd Laferrière; *Société historique algérienne*, r. Joinville, 6; *Société des Beaux-Arts*, r. du Marché, 2;

Société du Vieil Alger, qui organise pendant la saison des visites collectives de monuments arabes en faveur de ses membres.

Consulats : — *d'Angleterre*, bd Carnot, 6; *d'Espagne*, r. Tirman, à Mustapha; *des États-Unis d'Amérique*, r. d'Isly, 64; *d'Italie*, r. Lamoricière, 1; *de Russie*, r. Colbert, 10; *de Suisse*, bd Carnot, 12.

Cultes : — Catholique : *Saint-Philippe* (cathédrale), pl. Malakoff; *Saint-Augustin*, r. de Constantine; *Notre-Dame-des-Victoires*, r. Bab El Oued; *Saint-Charles*, r. Denfert-Rochereau (Agha-Supérieur); *Saint-Bonaventure*, r. Trollier (Champ de manœuvres); *Sainte-Marie*, r. Michelet prolongée (Mustapha-Supérieur); *église espagnole*, r. Tirman et r. Denfert-Rochereau; — Protestant : *temple* (confessions d'Augsbourg et réformée), r. de Chartres, 13; *église anglicane*, r. Michelet prolongée (Mustapha-Supérieur); *chapelle presbytérienne*, r. Michelet-prolongée; — Israélite : *synagogue*, pl. Randon.

Histoire.

Alger s'appelait dans l'antiquité *Icosium*, ainsi qu'en témoigne une inscription maintenant encastrée dans une maison à l'angle de la rue Bab Azoun et de la rue Caftan; mais la capitale de cette partie de l'Afrique du Nord était Césarée (Cherchel), et Icosium ne paraît pas avoir eu beaucoup d'importance. Elle avait cependant, dans les premiers siècles de notre ère, à peu près la même étendue que l'Alger turc; à l'époque chrétienne, elle a possédé des évêques. Des vestiges de voies romaines ont été retrouvés en plusieurs endroits, notamment sous la rue de la Marine; sous le lycée et le jardin Marengo, il y avait un vaste cimetière.

Icosium disparut dans le bouleversement des invasions. Sur ses ruines vinrent s'établir les Beni Mezranna, petite peuplade berbère. Au x⁰ s. de notre ère, un certain Bologguine, dont le père, Ziri, gouvernait le pays pour le compte du khalife fatimite, séduit sans doute par la présence d'îlots qui formaient un assez bon mouillage naturel, fonda là une ville nouvelle, qui fut appelée *El Djezaïr Beni Mezranna*, c'est-à-dire les îles des Beni Mezranna (ces îlots ont disparu dans les travaux du port); d'El Djezaïr, on a fait par corruption Alger (*Argel*, en espagnol). Au moment où El Bekri les visita (xi⁰ s.), la ville et le port étaient assez florissants; il y remarqua aussi des ruines antiques, des mosaïques en particulier.

El Djezaïr subit, l'une après l'autre, les diverses dominations qui se succédèrent dans cette partie de l'Afrique du Nord. Il dépendit généralement des souverains de Tlemcen; ce fut un Abd El Ouadite qui reconstruisit, au xiv⁰ s., le minaret de la Grande-Mosquée. Vers la fin du xv⁰ s., des Arabes Tsaliba, qui avaient envahi la Mitidja, le soumirent à leur autorité.

Au début du xvi⁰ s., les Espagnols, sous l'impulsion du cardinal Ximenès, ayant réussi à prendre pied dans l'Afrique du Nord, les habitants d'Alger se soumirent à eux: en 1509 ou 1510, dans le port même, sur le plus gros des îlots, Pedro Navarro fit élever le Peñon (p. 21), forteresse qui tenait la ville, à la distance de 300 m., sous la menace de ses canons.

Pour se délivrer du Peñon et de la domination chrétienne, les Algériens appelèrent, vers 1516, les frères Barberousse, corsaires de race turque ou grecque qui opéraient en partisans dans la Méditerranée orientale. L'aîné, Aroudj, ne réussit pas à prendre le Peñon, mais s'installa fortement dans Alger. Une expédition espagnole, dirigée par Diégo de Vera, ne put l'en déloger et aboutit à un véritable désastre (sept. 1516).

Aroudj étant mort, son frère Kheïr Ed Dine fit hommage de ses États au sultan de Constantinople, qui lui conféra le titre de *beglierbeg* et lui envoya une milice de 2,000 janissaires. En 1519, nouvelle tentative espagnole, que fait contre Alger le vice-roi de Sicile, Ugo de Moncada, elle se termine par un nouvel insuccès. Enfin, en 1529, Kheïr Ed Dine emporte d'assaut le Peñon, en rase une partie et emploie les matériaux à en réparer le reste et à construire une digue qui rattache l'îlot à la terre. Ainsi fut créé et défendu le port qui devint l'asile des corsaires les plus hardis du monde.

En 1541, Charles-Quint en personne, avec une flotte commandée par André Doria, comprenant 65 galères de combat et 451 navires de transport, montée par 12,300 matelots, transportant 22,000 hommes de troupe, essaya de réduire Alger. Les troupes campèrent sur la colline dominant la ville et construisirent une forteresse sur l'emplacement actuel du Fort-l'Empereur. Mais l'échec fut complet. Charles-Quint fut vaincu et eut grand'peine à regagner sa flotte. Battus d'une effroyable tempête, nombre de vaisseaux sombrèrent; des milliers d'hommes périrent ou furent faits prisonniers. Cette éclatante victoire consacra Alger comme capitale de l'Etat fondé en Berbérie par les Barberousse, sorte de république militaire sous la suzeraineté plus nominale que réelle du sultan de Constantinople, qui subsista jusqu'à la conquête française. Ses premiers chefs, hommes de génie en leur genre, les Barberousse, Salah Reïs, Dragut, Euldj Ali, organisèrent le brigandage maritime, et Alger n'eut, pendant ces trois siècles, en dépit des efforts inconsistants des puissances européennes, d'autre industrie et d'autre commerce que la course à l'encontre des nations chrétiennes.

Rien de plus étrange d'ailleurs que l'Etat algéro-turc. Les classes dirigeantes, milice turque et taïffe des reïs, s'y composaient exclusivement d'étrangers. — La milice ou *odjak*, recrutée principalement en Asie Mineure, était un corps militaire qui se gouvernait lui-même de la façon la plus démocratique. Réputés tous égaux, quel que fût leur grade, ses membres ou janissaires n'avançaient qu'à l'ancienneté. — Les reïs étaient des patrons corsaires. Alger était le rendez-vous de pirates de toutes les nations, d'origine chrétienne pour la plupart, accourus afin d'y exercer une industrie qu'ils savaient largement rémunératrice. Ils étaient groupés en corporation ou *taïffe* et constituaient un pouvoir extra-officiel, mais parfois souverain. — L'histoire intérieure d'Alger n'est que celle des luttes de ces deux puissances rivales, que le chef nominal de l'Etat s'appelle pacha, agha ou dey. Quant à l'histoire extérieure, c'est une guerre perpétuelle aux nations chrétiennes, dont les épisodes les plus marquants sont des bombardements ou des blocus sans efficacité durable.

Alger fut, jusqu'au xixe s., la terreur des nations civilisées. De 1628 à 1634, les Algériens prirent à la France 80 navires et plus de 1,300 captifs. La plupart des Etats qui à cette époque entretenaient des consuls à Alger étaient soumis à des redevances variables. A part les expéditions danoises de 1770 et espagnoles d'O'Reilly en 1775, qui furent d'ailleurs de lamentables insuccès, et le bombardement d'Exmouth en 1816, les tentatives de répression les plus sérieuses furent celles de la France; sous Louis XIV, Alger fut bombardé trois fois par la marine française, en 1681 et 1682 par Duquesne, en 1688 par d'Estrées.

Il était réservé à la France de mettre fin à la domination des pirates barbaresques. « Le maître de l'heure » fut Husseïn, qui frappa le consul de France Deval (p. 28). Une grande expédition fut décidée; le commandement en fut confié au général de Bourmont et à l'amiral Duperré. Le 14 juin 1830, l'armée, forte de 37,000 hommes et de 4,000 chevaux, débarquait à l'O. d'Alger, à Sidi Ferruch; le 19, elle repoussait, au combat de Staouéli, la milice turque et les contingents indigènes; s'élevant alors sur les pentes du mont Bouzaréa, les Français tournèrent la ville et vinrent attaquer le Fort-l'Empereur; ses défenseurs, écrasés dans un duel d'artillerie inégal, le firent sauter, et les vainqueurs s'établirent sur ses ruines. La résistance n'était plus possible dans Alger. Husseïn le comprit, et, dès le lendemain 5 juillet, il signa une capitulation. Le même jour, l'armée française fit son entrée par la porte Neuve.

Le touriste aimera sans doute à reconstituer par la pensée le vieil Alger

ture, que le vandalisme de ses modernes habitants a défiguré de la façon
la plus regrettable. Il ressuscitera la ville triangulaire, enfermée dans ses
murailles garnies d'hameçons de fer pour y suspendre les condamnés à
mort, flanquées de tours crénelées, protégées par 3 bordjs extérieurs et
percées de 6 portes: ses casernes pour les janissaires non mariés; ses
fontaines, ses 100 mosquées, son palais de la Djenina où avait lieu la paie
des janissaires, la réception des consuls et tous les actes publics de la
Régence: son Badistan, où les captifs, dépouillés de leurs vêtements,
étaient vendus à l'encan; ses bagnes où les esclaves étaient entassés. La

Photo Neurdein.

Pavillon de la Kasba dit du Coup d'éventail (p. 30).

principale rue était la rue du Souk, qui traversait la ville de Bab Azoun
à Bab El Oued, formant une espèce de marché avec un nombre infini de
boutiques. Les 15,000 maisons d'Alger étaient tellement serrées que la ville
ressemblait, dit Haëdo, à une pomme de pin; les plus belles, avec de
grands vestibules et des cours spacieuses ornées de carreaux de faïence,
étaient situées dans la ville basse et appartenaient aux rois; ils les avaient
décorées avec un luxe bizarre, mi-européen et mi-oriental.

Bibliographie : De nombreuses descriptions de l'ancien Alger ont été données par les captifs, dont le plus illustre fut Cervantès (chap. xxxix à xli de la 1re partie de *Don Quichotte*), et par divers voyageurs; les touristes curieux de ces choses consulteront leurs ouvrages (les plus intéressants sont ceux d'Haëdo, captif de 1578 à 1581, et d'Em. d'Aranda, de 1640 à 1642), à la bibliothèque Nationale (p. 18). A cette même bibliothèque et au musée des Antiquités (p. 33) ils trouveront des collections de vues de l'ancien Alger (reproductions en cartes postales, en vente chez le concierge du musée).

Berbrugger (C.) : *Icosium*, notice sur les antiquités romaines d'Alger (Alger, Jourdan, 2 fr. 50); — *Le*

Peñon d'Alger, ou les origines du gouvernement turc en Algérie (Alger, Jourdan, 3 fr.).

DEVOULX : *Le Raïs Hamidou*, corsaire (3 fr.); — *Les corporations religieuses d'Alger* (20 fr.); — *Les édifices religieux de l'ancien Alger*; tous ouvrages publiés par Jourdan, Alger.

FAGNAN (E.) : *Alger au XVIIᵉ s.*, par Venture de Paradis (Alger, Jourdan, 3 fr. 50).

FROMENTIN (E.) : *Une année dans le Sahel*, belle description littéraire d'Alger au milieu du xixᵉ s. (Paris, Plon-Nourrit, 3 fr. 50).

GUIAUCHAIN (G.) : *Alger*, avec de nombreuses gravures (Alger, Imprimerie Algérienne, 8 fr.).

HAËDO : *Histoire des rois d'Alger* (Alger, Jourdan, 6 fr.).

KLEIN (H.) : *Feuillets d'El Djezaïr*, excellents renseignements historiques, archéologiques, artistiques, ethnographiques; 7 fascicules parus jusqu'en 1914 (Alger, Fontana frères, 1 fr. chacun); d'autres fascicules paraîtront ultérieurement).

VISITE DE LA VILLE

Emploi du temps. — Le touriste qui ne resterait que 24 heures à Alger pourra, le matin, partant de la *place du Gouvernement*, se promener sur le *boulevard de la République* pour jouir de la vue sur la baie et le port, puis se rendre au *jardin Marengo* (p. 25), par la rue Bab El Oued ou mieux par le *boulevard de France* et le *boulevard Amiral-Pierre*. Il traversera le jardin, visitera la *mosquée de Sidi Abd Er Rahmane* (p. 24), et montera à travers les rues étroites du vieil Alger jusqu'à la *Kasba* (p. 28), située au point culminant de la ville. Il redescendra ensuite à la place du Gouvernement.

Après déjeuner, on visitera les quelques monuments qui subsistent de l'Alger turc, la *mosquée de la Pêcherie* (p. 14), la *Grande Mosquée* (p. 14), l'ancien *palais de l'Archevêché* et la *bibliothèque Nationale* (p. 18), tous situés au voisinage immédiat de la place du Gouvernement. Puis on prendra, également sur cette place, le tram de *Mustapha supérieur*, où se trouve le *musée des Antiquités* (p. 33), d'où l'on gagnera, en tram ou à pied, le *boulévard Bru* (vue admirable, p. 36). De là, on descendra au *jardin d'Essai* (p. 38), qu'on visitera; un tram ramènera à la place du Gouvernement, par *Mustapha inférieur*.

On pourrait encore, toujours partant de la place du Gouvernement, visiter au début de la promenade les mosquées, l'ancien archevêché et la bibliothèque, puis gagner le jardin Marengo et parcourir le quartier de la Kasba. On se réserverait ainsi l'après-midi entier pour Mustapha supérieur et le jardin d'Essai.

1. — Place du Gouvernement et abords immédiats.

La **place du Gouvernement** (musique militaire les j. et dim., à 16 h. en hiver, le soir en été; chaise, 10 c.) est restée, malgré l'extension de la ville vers le S., comme le cœur d'Alger. Là convergent les principales artères de la ville. Là stationnent les services de trams qui traversent Alger du N. au S., conduisant d'une part à Saint-Eugène, de l'autre à Mustapha : les trams qui suivent les voies les plus voisines de la mer stationnent sur le côté E. de la place; les trams qui suivent les rues Bab El Oued et Bab Azoun et montent à Mustapha-Supérieur, ainsi que ceux qui mènent à El Biar en contournant la ville haute sont sur le côté O.

Historique. — En 1830, la partie E. de la place du Gouvernement était déjà une petite place établie sur voûtes au-dessous desquelles les Turcs possédaient un chantier de construction de barques. Dès les premiers jours de l'occupation, les généraux de Bourmont et Berthezène décidèrent d'y créer une place d'armes qui ne fut terminée qu'en 1842. Un deuxième étage de voûtes fut alors édifié sur l'ancien et éleva d'autant le niveau de la place turque qui s'agrandit aussi vers l'O. Lorsqu'en 1845, on érigea la statue du duc d'Orléans, on dut construire en dessous un énorme pilier partant du niveau de la mer et s'élevant jusqu'au sol de la place. Celle-ci fut long-temps le point le plus select d'Alger.

Sur la place se dresse la *statue équestre du duc d'Orléans*, fils aîné de Louis-Philippe. Le monument se compose d'un piédestal en marbre et d'une statue de bronze de 4 m. 80 de hauteur fondue à Paris avec le métal de canons pris aux Turcs et représentant le prince en uniforme de lieutenant général. C'est une œuvre de Marochetti, élevée par souscription le 28 octobre 1845.

La place est un rectangle dont trois côtés sont occupés par des maisons à arcades; sur le quatrième, à l'E., s'élèvent la mosquée de la Pêcherie puis la Grande Mosquée (ouvertes tous les jours et à toute heure; chausser les babouches présentées par le gardien; modeste rétribution) auxquelles on accède par la *rue de la Marine*, qui commence à l'angle N.-E. de la place du Gouvernement. Immédiatement à g. se trouve la petite *place de la Pêcherie*, appelée aussi *place Mahon*, sorte d'annexe de la place du Gouver-nement; là était jadis la place du Badistan, où l'on vendait les esclaves.

La ***mosquée de la Pêcherie**, que les indigènes appellent *Djama El Djedid*, la mosquée neuve, a été construite en 1660 pour les Turcs du rite hanéfite. Son minaret carré abrite l'horloge de la ville. On y entre par l'escalier de la Pêcherie.

A l'intérieur, le plan, en forme de croix latine, rappelle tout à fait celui d'une église, avec nef, coupole centrale, transept et chevet. La légende qui veut que cette mosquée ait été bâtie en forme de croix par un esclave chrétien, que le pacha aurait fait empaler ensuite pour le punir de cette fantaisie sacrilège, est évidemment sans fondement; le type est exacte-ment celui d'églises byzantines, nombreuses à Constantinople; c'est là sans doute que l'architecte a cherché modèle. — Nous y signalerons la *chaire* en marbre sculpté, le *mihrab*. ou niche décorée de plâtre fouillé, ce dernier provenant de l'ancienne mosquée voisine dite Es Saïdïa, enfin d'anciens fauteuils de professeurs, en bois tourné, découpé et peint. Un magnifique ***manuscrit** in-folio du Coran, envoyé au commencement du xvIIIᵉ s. par un sultan de Constantinople à un pacha d'Alger et déposé jadis dans la mosquée des Ketchaoua, est conservé dans le cabinet du mufti (visible tous les matins de 8 à 11 h., excepté les dim. et jeudi, sur demande à ce dernier): chaque page de ce manuscrit est une merveille d'ornementation et de calligraphie enluminée.

En sortant de la mosquée de la Pêcherie, on remarquera, sur la rue de la Marine, la *mahakma*, ou tribunal du cadi hanéfite, cou-verte d'un beau plafond de bois sculpté et peint, provenant de la vieille mosquée Es Saïdia démolie en 1831. Adossé à la mosquée, ce tribunal donne sur une petite cour ombragée de treilles d'une pittoresque simplicité.

La ***Grande Mosquée**, ou *Djama El Kebir* (entrée par la rue de la Marine un peu au delà de la mosquée de la Pêcherie), est la plus

Place du Gouvernement.

ancienne d'Alger. Consacrée au rite malékite, qui est le rite presque universellement répandu chez les musulmans de l'Afrique du Nord, elle remplace une basilique chrétienne d'Icosium; elle date du x⁰ ou du xi⁰ s.; son minaret, élevé par Abou Tachfine, roi de Tlemcen, est de 1323.

A l'entrée, un patio dessert plusieurs locaux : la mahakma du cadi, le bureau du mufti et celui du prédicateur.

La salle de prière, dont l'ordonnance est du même type que celle de la mosquée de Cordoue et celle de Sidi Okba de Kairouan, comprend 11 travées constituées par 72 piliers quadrangulaires blanchis à la chaux, qui supportent des arceaux en ogive, simples ou festonnés. L'édifice, avec sa cour à ciel ouvert, ornée d'une fontaine, laisse dans son ensemble une impression assez imposante.

Primitivement, la mosquée n'avait pas de façade à effet. C'était un rectangle avec quatre côtés nus. Le portique en bordure de la rue de la Marine a été construit sous la domination française, en 1837, avec des colonnes de marbre blanc provenant de la mosquée voisine Es Saïdïa, bâtie au xvii⁰ s. en face de la Djenina et sur l'emplacement de laquelle se trouve aujourd'hui l'hôtel de la Régence. Une inscription romaine murée dans le minaret mentionne un certain Lucius Cæcilius Rufus, fils d'Agilis; il est probable que ce personnage était d'Icosium.

Sur la rue de la Marine s'ouvrent à g. : la *rue Duquesne* (au n° 15, joli portail turc), la *rue d'Orléans* (au n° 29, beau portail sculpté italien, de la fin de la Renaissance) et la *rue des Consuls*, dont plusieurs maisons ont servi de résidence aux consuls avant la conquête.

Du côté O. de la place du Gouvernement, la courte *rue du Divan* conduit à la petite *place Malakoff*, sur laquelle s'élèvent la cathédrale Saint-Philippe, le palais du Gouverneur et l'ancien palais de l'Archevêché.

La **cathédrale Saint-Philippe** a été bâtie de 1845 à 1860 sur l'emplacement de la jolie mosquée des Ketchaoua (xviii⁰ s.). C'est un vaisseau long avec transept surmonté d'une coupole que supportent quatre hautes colonnes, provenant de la mosquée des Ketchaoua. La chaire aurait été établie avec des matériaux de l'ancien *minbar*. Les fonts baptismaux à dr. utilisèrent enfin la vasque aux ablutions de la même mosquée. A côté de ces derniers, reposent les reliques de Géronimo depuis 1856 (p. 35). La façade se compose d'un portique à 3 arcades, flanqué de 2 tours. L'ensemble s'inspire de l'architecture mauresque.

Les quelques anciennes maisons et petits palais mauresques du voisinage, qu'on ne manquera pas de visiter, offrent les caractéristiques suivantes :

« Au dehors, pas de façade, des murs nus, de rares fenêtres bordées de grillages, rien de remarquable, si ce n'est ce portique de marbre avec auvent en cèdre sculpté qui précède quelquefois la porte. La porte franchie, on se trouve dans la *skiffa*, long vestibule dont la demi-obscurité repose les yeux, garni sur les côtés de bancs continus, orné, quand l'habitation est luxueuse, d'une décoration d'arcs, de colonnes et de chapiteaux. Il aboutit à une tour carrée, autour de laquelle des arcades ogivales s'enlèvent sur de légères colonnes ; au-dessus, à chaque étage, avec des variantes dans la courbure des arcs et le style des colonnes, des galeries superposées repro-

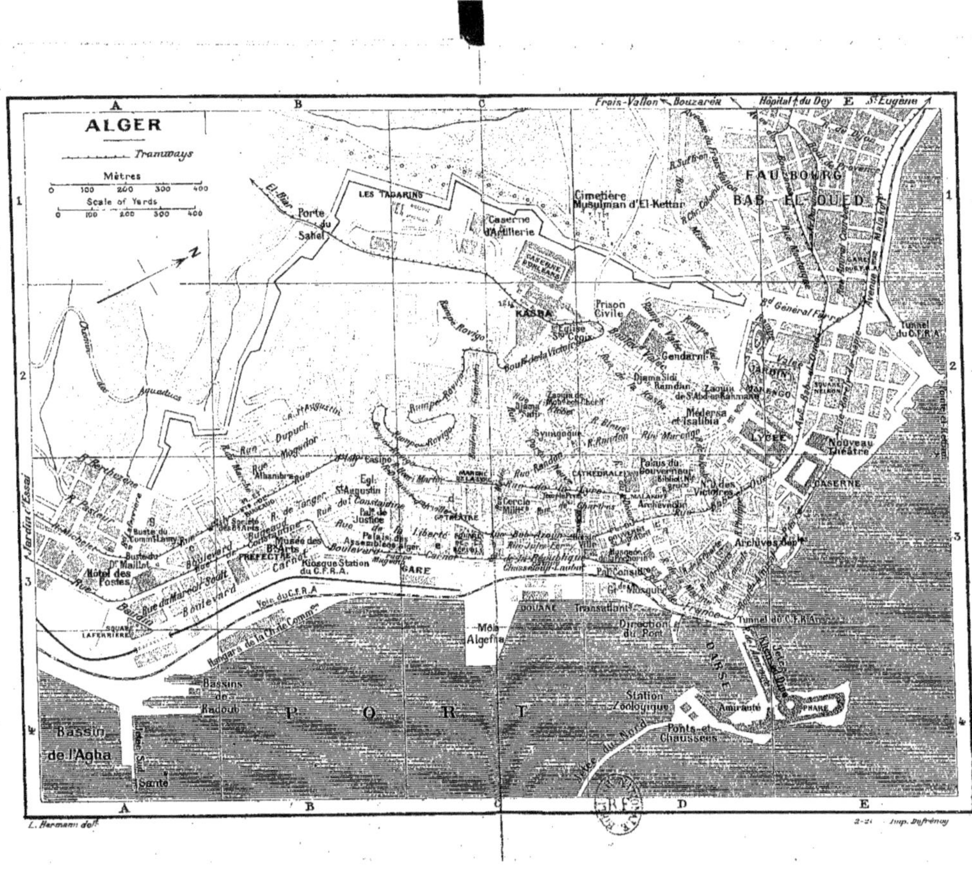

ALGER
Tramways
Mètres
Scale of Yards
100 200 300 400
Frais-Vallon Bouzaréa Hôpital du Dey St Eugène
FAUBOURG
BAB-EL-OUED
LES TAGARINS
Porte du Sahel
Cimetière Musulman d'El-Kettar
Caserne d'Artillerie
CASERNE D'ORLÉANS
KASBA
Prison Civile
Égl. Ste Croix
Gendarmerie
Djama Sidi Ramdan
Mosquée de Sidi-Abd-er-Rahmann
Medersa et Isalibia
Synagogue
LYCÉE
Nouveau Théâtre
CATHÉDRALE
Palais du Gouverneur
Bibliot. Nle
Rue St Augustin
Rue Dupuch
Rue Mogador
Casino
Rue Alhambra
Égl. St Augustin
Pal. de Justice
Cercle Militaire
Archevêché
CASERNE
THÉÂTRE
Palais des Assemblées algér.
Boulevard
Musée des B. Arts
PRÉFECTURE
Kiosque Station du C.F.R.A.
GARE
Hôtel des Postes
Archives Dep.
Gde Mosquée
Par Consulats
Boulevard Carnot
DOUANE
Transatlantique
Direction du Port
Tunnel du C.F.R. An.
Môle Algérie
Jardin d'Essai
Bassins de Radoub
Station Zoologique
Amirauté
Ponts-et-Chaussées
PHARE
Jetée du Nord
Bassin de l'Agha
Santé
P O R T
L. Hermann del.
Imp. Dufrénoy

Intérieur de la Grande Mosquée (XIVe s.).

Photo Neurdein.

2

duisent la même disposition. Les chambres sont en retrait, étroites, faible-
ment éclairées, avec des boiseries ouvragées et d'exquises moulures de
plâtre sur les murs et les plafonds. Au faîte de la maison, des terrasses,
dont la surface unie et blanche arrête au passage les ardeurs du soleil et
où les femmes venaient autrefois respirer l'air du soir. Partout des bois
découpés, des marbres, des faïences vernies de couleurs vives; au milieu
de la cour, le bruit frais d'une fontaine. » (*M. Wahl.*)

Le palais du Gouverneur ou palais d'hiver (visite possible
sur autorisation à obtenir du Gouvernement général) est une maison mauresque de la fin du XVIII° s., défigurée par des aménagements modernes commencés en 1839. La façade sur la place Malakoff, qui comprend les escaliers et un salon de réception, est
l'œuvre du Génie Militaire. — Dans la petite *rue du Soudan,* qui
longe le palais à dr., au n° 5, bel'auvent en bois, spécimen intéressant d'art mauresque, et au n° 7, portail ancien.

L'ancien **palais de l'Archevêché** (désaffecté; on doit malheureusement y installer des bureaux, s'informer pour la visite), en
face du palais du Gouverneur, est un beau type de maison mauresque : jolie cour, boiseries, faïences, stucs et claustras à verres de
couleurs.

Cet édifice est, avec l'*hôtel du Secrétaire général* du gouvernement, rue
Bruce, à peu près tout ce qui reste de l'ancienne *Djenina* ou *Jenina* (dimi-
nutif de *Djenane,* jardin), appelée aussi *Dar Es Sultane* ou palais du Dey,
vaste ensemble de constructions délimité par les rues Bab El Oued, du
Divan, Bruce et Jenina. Ce palais fut le siège du gouvernement turc,
depuis le jour où le chef indigène d'Alger, Sélim Et Toumi, périt étouffé
dans son bain par Barberousse, jusqu'à celui où le dey Ali Khodja se trans-
porta à la Kasba (1816).

Tout près de la place Malakoff, en prenant, dans la rue Bruce,
la *rue de l'État-Major,* on rencontre à g. la **bibliothèque Nationale,** installée depuis 1862 dans l'ancienne demeure particulière
de Mustapha Pacha, qui fit construire cette habitation en 1779 et
qui périt égorgé en 1805. C'est une des plus belles maisons
mauresques d'Alger; elle mérite à tous égards une visite. On y
remarquera en entrant, la porte et son auvent sculpté, puis la
skiffa ou vestibule, dont les niches sont décorées de faïences de
Delft signées J. V. M. (J. Van Maak) et de carreaux italiens. On
appréciera aussi les menuiseries en bois de cèdre et l'ordonnance
du patio orné au centre d'un élégant jet d'eau. La bibliothèque
est disposée autour des galeries du premier étage.

La **bibliothèque** (ouverte t. l. j. de 13 à 18 h., excepté les dim. et fêtes;
fermée en août et en septembre) compte env. 40,000 vol., parmi lesquels
l'histoire et la géographie locales sont représentées d'une façon très
complète. Elle possède 2,000 manuscrits arabes, turcs et berbères; les
manuscrits arabes forment la très grande majorité; le noyau du fonds provient de Constantine, d'où Berbrugger le rapporta à la suite de l'expédition de 1837. Alger, ville illettrée, n'a presque rien fourni. Plusieurs de ces
manuscrits sont des œuvres remarquables de reliure, d'enluminure et de
calligraphie.

**Dans ce même quartier, deux autres maisons mauresques sont à
signaler** (ne se visitent qu'exceptionnellement): *l'hôtel de la Division,*

Cour du Palais du Gouverneur.

Photo Neurdein.

au n° 1 de la *rue de l'Intendance*, à g. en sortant de la bibliothèque, édifié en 1798 par le dey Mustapha Pacha : curieuse porte et bel auvent, vestibule à colonnettes où sont réunis des canons ayant appartenu à la flotte de Charles-Quint, patio décoré de carreaux de Delft et d'Italie, salons à coupoles et à plafonds polychromés; — et *l'hôtel du premier Président*, au n° 9 de la *rue Soggemah*, qui donne sur la rue Bruce, au delà de la rue de l'Etat-Major.

II. — Port.

De l'angle S.-E. de la place du Gouvernement, on embrasse d'un coup d'œil l'ensemble du port.

A g. est la *darse*, qui est l'ancien port turc, borné au N. par la *jetée Kheïr Ed Dine*, et à l'E. par l'*îlot de l'Amirauté*, que couvrent des constructions datant de la période turque, sinon de l'occupation espagnole (*V.* ci-dessous). Jetée et îlot ont reçu leur forme actuelle au xvie s., l'îlot étant la réunion en un seul massif des récifs rocheux auxquels Alger doit son nom (p. 10). A son extrémité S., s'enracine une longue jetée curviligne, qui présente au large sa concavité, et dont la direction a été déterminée, a-t-on pu dire ironiquement, par la courbe des incertitudes. La darse, médiocrement profonde, est réservée aux torpilleurs, aux bateaux de pêche et aux bâtiments de plaisance du Sport nautique.

Au S. de la darse, c'est l'immense nappe d'eau du **port**, de 90 hectares env., découpée en pleine mer par la jetée en croissant du N., de 870 m., et par la jetée coudée du S., de 1,350 m. Au long des quais qui la bordent à l'O., après les appontements et les magasins des Cies de navigation, s'élèvent la gare du chemin de fer et les docks de la Chambre de commerce. Près de la jetée S., se trouve l'emplacement affecté aux navires de guerre. A l'angle de cette même jetée et du quai sont deux bassins de radoub, de 138 m. et de 82 m. de longueur. Au delà, s'étend la baie de l'Agha, dans laquelle un arrière-port considérable a été aménagé. (*V.* ci-dessous et p. 21).

La descente au port se fait : soit par les *rampes Chasseloup-Laubat* et *Magenta*, s'amorçant sur les boulevards de la République et Carnot (*V.* ci-après, III); soit par l'*escalier de la Pêcherie* (restaurants), à l'angle de la mosquée de la Pêcherie, par lequel on trvaerse le *marché aux poissons* (autre escalier d'accès à l'angle S.-E. de la place du Gouvernement); soit enfin la *rampe de l'Amirauté*, établie sur la jetée Kheïr Ed Dine, que l'on rencontre à l'intersection de la rue de la Marine et des boulevards de France et Amiral-Pierre (p. 26).

Le mieux est de prendre cette dernière rampe où se trouvent les *bureaux de la place*; s'y adresser pour obtenir l'autorisation de visiter la Kasba (p. 28). Le pavillon établi sur voûtes qui s'élève au bas, et qui a été défiguré par de récents « embellissements » (jolie fontaine turque sur le quai, en contre-bas de l'origine de la rampe), était, du temps des Turcs, la demeure du reïs qui remplissait les fonctions de maître de port; c'est maintenant l'*Amirauté*, résidence du contre-amiral commandant la marine en Algérie. — Au N.-E. de l'Amirauté (passage à g., d'ailleurs interdit), la plate-forme d'un bastion circulaire, massif et trapu, supporte en son milieu une *tour* octogonale, dont l'étage supérieur est utilisé comme phare. Le bastion, ainsi qu'en fait foi une cotte d'armes sculptée au-dessus de la porte d'entrée, est une construction espagnole, reste de la forteresse du *Peñon* édifiée par P. Navarro au début du xvi° s.; la tour date du gouvernement d'Hassane Pacha (1541-1544). Dans une partie des bâtiments militaires voisins qu'on ne visite pas sans autorisation, *porte des Lions*, curieux ouvrage du début du xviii° s., en marbre décoré de couleurs vives, qui appartenait à l'ancien *Bordj Ras El Moul*. — Si l'on poursuit son chemin depuis l'Amirauté, on rencontre à g. une élégante petite fontaine turque, puis la cha-pelle d'un saint musulman, fréquentée par les femmes indigènes; on passe ensuite sous une voûte pour arriver à la jetée. En la suivant jusqu'au *pavillon des Ponts et Chaussées* (derrière, *Station zoologique*), à l'extrémité S. de l'îlot de l'Amirauté, on jouira, en se retournant, d'une belle *vue sur Alger et la Kasba, qu'on aura plus intéressante encore en poussant plus loin sur la jetée N.

L'établissement du port proprement dit, dont les dispositions furent arrêtées en 1818 et réalisées dans les années suivantes, a coûté près de 50 millions. Les travaux de l'arrière-port et des terre-pleins de la baie de l'Agha en ont beaucoup accru les commodités : une première série, dont le coût a été de 6 millions, a été effectuée de 1898 à 1904; un vaste bassin a été ainsi ouvert à la navigation; des travaux complémentaires, qui ont absorbé 7 millions env., ont été exécutés depuis (p. 32) et un programme d'améliorations nouvelles, qui comporte près de 16 millions de dépenses, est en cours de réalisation; d'autres travaux, que rend nécessaires la pro-gression ininterrompue du trafic, sont en projet ou à l'étude.

L'importance du port d'Alger est tout à fait considérable; Alger occupe rait en France, grâce aux relâcheurs. le 2ᵉ rang des ports français après Marseille pour le tonnage de jauge total, qui dépasse 18 millions de tonnes, et le 3ᵉ rang après Marseille et le Havre pour le nombre des navires entrés et sortis qui dépasse 13,000. Quant à l'effectif des marchandises, il atteint, s'il ne dépasse, 3 millions de tonnes. Comme port de ravitaillement, Alger a remplacé en grande partie Malte et Gibraltar; beaucoup de Compagnies étrangères l'ont choisi comme escale dans leurs relations avec le Levant et l'Extrême-Orient; le nombre des navires en relâche pour y charbonner dépasse annuellement 2,000 et le chiffre des tonnes de charbon fournies atteint 600,000.

III. — Quartiers au S. de la place du Gouvernement.

Ces quartiers ne renferment que des monuments construits depuis l'occupation française. Ils constituent le centre moderne, celui des magasins, des cafés, des hôtels, des banques, des spec-tacles.

Le boulevard de la République, auquel fait suite le **boule-vard Carnot,** longe en terrasse le port. De grandes maisons à arcades en garnissent le côté O. On y remarque d'abord l'*hôtel de ville* (bibliothèque et salles de lecture ouvertes tous les jours au

public, 2° étage), **et, après le square de la République** (*V.* ci-après),
le *palais des Assemblées algériennes*, commencé en 1914, l'*hôtel de la
Banque de l'Algérie*, achevé en 1918 (cour centrale ornée de marbres et
d'onyx algériens). Le boulevard Carnot s'incline ensuite au S.-E.,
s'orne de la nouvelle *préfecture*, de style néo-mauresque datant de
1913 et se termine à la hauteur du petit *square Laferrière*, à proximité du bureau central des Postes (*V.* ci-après).

Les voûtes étagées qui supportent ces deux boulevards, ainsi que le
boulevard de France qui les prolonge au N. (p. 26), dominant de 15 m.
les quais du port sur toute leur longueur, ne comportent pas moins de
350 magasins ou logements; elles ont été édifiées de 1860 à 1866, sur les
plans de l'architecte Chasseriau au prix de 7 millions et demi sous béné-
fice d'une concession de 99 ans, par un amodiataire anglais, sir Morton
Peto, auquel s'est substituée une société.

Parallèlement au boulevard de la République, à l'angle S.-O. de
la place du Gouvernement, s'amorcent la **rue Bab Azoun**, construite de 1830 à 1840, très fréquentée par les promeneurs et où
sont des confiseurs, des marchands de curiosités, des photographes,
des magasins de nouveautés, des bazars; c'est une des plus animées d'Alger.

A l'extrémité de cette rue, le **square de la République**,
ancienne *place Bresson*, balance au vent ses panaches de palmiers,
ses massifs toujours verts de bambous, de ficus et de magnolias
(dans le kiosque, musique municipale les soirs d'été).

C'est là que se trouvait autrefois la porte Bab Azoun, où se heurta en
1541 l'armée de Charles-Quint. A l'angle de la rue et du square, une plaque
de marbre rappelle l'héroïsme d'un Français, Pont de Balaguer, dit Savi-
gnac, porte-étendard des chevaliers de Malte, qui planta sa dague dans
la porte.

A l'O. du square est l'*Opéra municipal* (plus de 2,000 places). A
côté s'élève le **cercle militaire** installé dans les deux anciennes
casernes de janissaires de la rue Médée. Il a son entrée principale
par l'escalier de la *rue Corneille*, à l'un des angles de la place; on
peut obtenir la permission de le visiter.

Le cercle militaire provient de la transformation de deux anciennes
casernes de janissaires dont l'une existait déjà en 1595 et l'autre fut remaniée
en 1728. Après la conquête d'Alger, ces établissements reçurent des affec-
tations diverses, puis, en 1878, leur destination actuelle; les parties les plus
intéressantes sont : une *terrasse* que couronnent de beaux palmiers, une *cour
mauresque* qu'ombragent de grands ficus, une salle de lecture qu'ornent des
tableaux divers, la *salle des maréchaux* que décorent les portraits des plus
populaires gouverneurs et généraux de l'Algérie.
Derrière le théâtre, un escalier à double volée monte jusqu'au niveau
d'une autre place, la *place de la Lyre* (marché couvert), à l'extrémité S. de la
rue du même nom et de la rue Randon (p. 24). Là, nouvel escalier avec
paliers plantés d'arbres et garnis de maisons, qui s'élève droit jusqu'au
pied de la Kasba : c'est le *boulevard Gambetta*, construit sur l'emplacement
du ravin du Centaure, fossé naturel de l'ancien rempart.

Dans la *rue de Constantine*, prolongement de la rue Bab Azoun,
s'élèvent à dr. l'*église Saint-Augustin*, à g. le *palais de Justice*. — Au
2° étage de la maison n° 32 est installé le **musée municipal des**

Beaux-Arts (ouv. t. l. j., sauf le vendr., de 9 à 11 h. et de 13 à 16 h. du 1er oct. au 31 mai, de 8 à 11 h. et de 14 à 17 h. du 1er juin au 30 sept.; catalogue 1 fr.; des remaniements sont à prévoir).

Escalier : Moulages des plus célèbres statues du moyen âge français, envoyés par l'Etat.
Salle A (à dr. de l'escalier), de dr. à g. : *Girardet*, Vue d'Alger, *Guillaumet*, Place à Bou Saada; *Pointelin*, paysage; *Havet*, Vue de Tlemcen; *Cauvy*, Mauresque sur une terrasse; *Guillaumet*. Intérieur arabe (fileuse); *Coignard*, paysage; *Ferrier*, les Fumeurs de kif; *Veyrassat*, la Caravane; *Ribot*, Femme au lilas; *Pils*, Artilleur. — On prend le couloir qui s'ouvre à g. de l'escalier. — **Salle B** (à dr. du couloir) : *Delacroix*, dessin; *Puvis de Chavannes*, dessin; *Lunois*, Noce juive à Alger; *Cauvy*, le Lendemain du Ramadan; *Dinet*. Vieilles femmes arabes; *Suréda*, Scène de marché arabe à Bou Saada; *Cottet*, Gorges d'El Kantara; *Chudant*, Effet de nuit sur le port d'Alger; *Ziem*, Campement près d'Alger, Marchand au Vieux-Caire. — **Salle C** (à g. du couloir) : *Chataud*, Razzia contre des tribus arabes, Fantasia en Kabylie, et plusieurs autres toiles; *Cauvy*, Terrasse d'Alger; *Antoni*. Danse au désert; *Hte Dubois*, Café maure; *Noiré*, paysage: *Jouve*, Tigre (dessin); *Dabat*, Femmes au cimetière; *A. Lévy*, dessins de mœurs juives; *Guillaumet*, dessins; *Harald Gallen*, la Piste de Fès. — **Salle D** (au fond du couloir) : *Morel-Fatio*, Tempête dans le port d'Alger.
Dans une annexe de cette salle, à g. : *Rochegrosse*, la Course au bonheur, *H. Vernet*. le prince Louis-Napoléon (Napoléon III), Saint-Arnaud et le prince Jérôme; *Guillaumet*, la Famine en Algérie (1867); *Prouvé*, Sardanapale.

A dr., à hauteur d'un palmier isolé, rampe du *boulevard Bugeaud*, par laquelle on peut accéder à l'extrémité S. de la rue d'Isly et à l'hôtel des Postes (*V.* ci-dessous).

Du square de la République, la rue *Dumont-d'Urville* conduit à la **rue d'Isly**, où se porte l'affluence à la fin du jour.

A dr., la *rue Henri-Martin*, prolongée par la rampe ou les **tournants Rovigo**, avec leurs nombreux lacets que suit le tram d'El Biar, aboutit dans le haut d'Alger, près de la Kasba (p. 28).

En continuant à suivre la rue d'Isly, on rencontre le *casino* (à dr.), et du même côté les *Galeries de France*, grands magasins de style néo-mauresque édifiés en 1914, et l'*Alhambra* où se joue le vaudeville, puis la *place d'Isly*, avec la *statue de Bugeaud*, le populaire maréchal qui fut gouverneur général de l'Algérie de 1840 à 1847; le *quartier général du XIXe corps d'armée* et le *Mont-de-Piété*. A g. de la place, dans la rue du Marché, est installée la *Société des Beaux-Arts*, où se tient le Salon d'automne. A l'angle de la rue d'Isly et du boulevard Bugeaud, *buste du Dr Maillot*, qui vulgarisa l'emploi de la quinine en Afrique contre le paludisme.

Au delà et à g., l'*hôtel central des postes, télégraphes et téléphones*, importante construction de style néo-mauresque terminée en 1913 et due à l'architecte Voinot. La grande salle des guichets, richement décorée, mérite une visite.

Le large **boulevard Laferrière**, aménagé en square à gradins, recoupe perpendiculairement la rue d'Isly.

Ce square est orné dans sa partie basse par un buste élevé en la mémoire du commandant Lamy, explorateur du Sahara, et dans sa partie haute par un monument dû à L. Fourquet, dédié par la ville d'Alger à l'aviateur Georges Guynemer (1918).

Sur le côté N. du boulevard se dressent l'élégant *hôtel de la Dépêche algérienne*, de style mauresque, et l'immeuble de la *Société de géographie* d'Alger. Sur le côté S. est établie, en contre-haut, l'*Administration des Douanes*. Le boulevard Laferrière remplace l'ancienne enceinte turque qui a été dévasée au commencement du siècle.

Au delà s'étend Mustapha (p. 31, VIII).

IV. — Quartiers à l'O. et au N.-O. de la place du Gouvernement.

De la place Malakoff (p. 16) se détachent à g. la *rue de Chartres* et la *rue de la Lyre*. La rue de Chartres, habitée principalement par des commerçants israélites, dessert la *place de Chartres*, occupée par un vaste marché couvert et un *temple protestant*. La rue de la Lyre, légèrement en pente, est bordée d'arcades construites de 1859 à 1862; ses boutiques appartiennent à des marchands juifs ou musulmans, qui vendent des étoffes, des tapis, des articles indigènes, etc.; elle est suivie par le tram d'El Biar et son extrémité S. aboutit au boulevard Gambetta et aux tournants Rovigo à hauteur de la rue Henri-Martin (p. 23).

En contre-haut, et parallèlement à la rue de la Lyre, est située la *rue Randon*, où se trouve une *synagogue* édifiée en 1885; elle est prolongée au N. par la *rue Marengo*, qui coupe en deux la ville indigène (p. 27). Ces deux rues, très animées, offrent aux touristes d'intéressants types indigènes; elles aboutissent à la .médersa Et Tsalibia, à la mosquée de Sidi Abd Er Rahmane et au jardin Marengo.

La médersa Et Tsalibia est une belle construction de style mauresque avec une grande coupole centrale, flanquée de quatre petits dômes, construite aux frais de l'État en 1904 par l'architecte Petit pour servir d'établissement d'enseignement supérieur musulman. Des étudiants indigènes, au nombre d'une centaine, en suivent les cours dont sont chargés des professeurs français et indigènes (entrée gratuite t. l. j., sauf le dim., de 9 à 11 h. et de 14 à 16 h.). — Dans le voisinage, belle vue sur Alger et la mer.

La *mosquée ou zaouïa de Sidi Abd Er Rahmane (visible les dim., lundi et mardi, de 8 h. à midi, et de 14 à 15 h.; rétribution au chaouch) est au delà et du même côté.

Sidi Abd Er Rahmane Et Tsalibi (1387-1471), marabout de la tribu des Tsaliba qui domina la Mitidja jusqu'à l'arrivée des Turcs, est aussi célèbre chez les musulmans algériens par la sainteté de sa vie que par sa science. Il est particulièrement en renom parmi les indigènes d'Alger, dont il est en quelque sorte le patron, comme Sidi Bou Médine de ceux de Tlemcen.

L'édifice actuel, remplaçant sans doute une construction plus ancienne, a été bâti en 1696, sous le dey El Hadj Ahmed. Il se compose : d'une mosquée, avec un gracieux minaret carré à étages de colonnettes, où brillent des revêtements de faïences de Perse et de Rhodes ; d'une koubba renfermant le tombeau du saint, abritant un catafalque orné de drapeaux et d'ex-voto, et quelques autres tombes ; de divers locaux à l'usage de l'oukil (gardien) et de son personnel. La mosquée est entourée de sépultures, parmi lesquelles celle d'Ahmed, dernier bey de Constantine.

En contre-haut de Sidi Abd Er Rahmane, à g. du *boulevard Valée,* voie en escalier le long des anciens remparts turcs, on aperçoit les restes du Bordj Ramdane, construit par Ramdane Pacha en 1576. Plus haut encore s'élève la *prison civile.* Au S. de la rampe Valée s'étage la Kasba (p. 28)

Plus loin est le **jardin Marengo**, ancien *jardin des condamnés,* établi en 1833 par les condamnés militaires sur les pentes abruptes d'un ancien cimetière ; il doit son nom au colonel Marengo qui en fut le créateur. C'est une très agréable promenade qu'agrémentent de grands arbres d'essences variées et de jolis parterres de fleurs. A l'angle N.-O., un kiosque revêtu de faïences émaillées modernes, abrita autrefois un buste du duc d'Orléans.

Photo Neurdein.

La mosquée de Sidi Abd Er Rahmane.

Au delà, s'élèvent à g. les anciennes fortifications, et à dr. l'*école primaire supérieure de garçons.* On aboutit ainsi au boulevard Général-Farre (p. 26).

V. — Quartiers au N. et à l'E. de la place du Gouvernement.

Le quartier compris entre la mer, la rue de la Marine et la rue Bab El Oued, est l'Alger des premiers temps de la conquête : rue Philippe, rue d'Orléans, rue de la Charte, rue des Trois-Couleurs, on est en pleine monarchie de Juillet. Tout ce quartier, très populeux, est couvert de vieilles maisons desservies par des rues étroites et enchevêtrées. Les constructions les plus curieuses sont l'*ancienne préfecture* et l'*école nationale des Beaux-Arts*. Cette dernière est installée dans la mosquée El Kechach reconstruite au xvii° s., mais fort réduite depuis.

Deux voies principales traversent ce quartier desservi par deux lignes de tramways partant de la place du Gouvernement.

1° Après la place du Gouvernement, le boulevard de la République s'infléchit au N.-E. et prend le nom de **boulevard de France**, détruisant la perspective de la Grande-Mosquée et de la mosquée de la Pêcherie, cachées en partie par l'exhaussement de la chaussée. Le *palais consulaire* ou *Chambre de commerce* (bureau de poste et télégraphe et musée commercial) s'élève entre les deux mosquées. Au delà de l'ancienne *porte de France*, qui dominait la tête de la jetée Kheïr Ed Dine, le boulevard se dirige au N. et devient le **boulevard Amiral-Pierre**, anc. *boulevard des Palmiers*. A dr. surplombant la mer, jolies maisons mauresques, occupées par le Génie (ne se visitent pas).

2° A l'angle N.-O. de la place du Gouvernement, en prolongement de la rue Bab Azoun, commence la **rue Bab El Oued**, rue à arcades, commerçante et populeuse, toujours très animée. Vers le milieu, à g., au coin de la rue de la Kasba, *l'*église Notre-Dame-des-Victoires* est l'ancienne mosquée bâtie en 1623 par Ali Bitchnine (Piccinini), renégat italien, corsaire opulent qui fut amiral des galères et chef des reïs : grande coupole octogonale sur une salle carrée, qu'entourent sur trois côtés des galeries couvertes elles-mêmes par 16 coupolettes. L'affectation au culte catholique remonte à 1843.

En continuant à suivre la rue Bab El Oued, on arrive sur une place où se font face, à dr., la *caserne du Génie*, à g., le *lycée*, construit en 1868. C'était là que se terminait l'Alger turc et que s'ouvrait la porte du ruisseau : Bab El Oued.

Au delà de la caserne à g., *jardin Marengo* (*V.* ci-dessus, IV) et à dr., le *nouveau théâtre*. Au N. s'étend jusqu'au large *boulevard militaire* qui a remplacé la partie basse de l'enceinte bastionnée, et qui porte le nom du *Général-Farre* auquel sont dues les plantations d'arbres des glacis, un quartier nouvellement bâti sur l'emplacement de l'ancien arsenal d'artillerie; le *square Nelson* en marque le centre.

VI. — *Ville haute et Kasba.*

Voies d'accès. — On accède à la ville haute : par le boulevard Gambetta, derrière l'Opéra municipal; par la rue Médée ou par la rue Porte-Neuve, s'ouvrant sur la rue de la Lyre; par la rue de la Kasba, commençant rue Bab El Oued, à l'angle de l'église N.-D.-des-Victoires; enfin par la rampe et le boulevard Valée, commençant au jardin Marengo. Toutes ces rues aboutissent au boulevard de la Victoire, entre les boulevards Gambetta et Valée. Le tram électrique d'El Biar (T. M. S.), partant de la pl. du Gou-

vernement, suit la rue de la Lyre, les tournants Rovigo, le boulevard de
la Victoire, passe à la prison civile, à la caserne de la Kasba, et sort
d'Alger par la porte du Sahel. Si l'on veut s'éviter la fatigue de l'ascension,
on prendra ce tram jusqu'à la prison civile (toutes les 15 m.; 15 et 20 c.),
et l'on redescendra ensuite à travers les ruelles du vieil Alger. Le prome-
neur, aidé du plan de la p. 29, ne saurait se perdre : il rencontrera toujours
la vieille ville indigène,
s'il monte, et s'il descend,
d'abord la rue Marengo ou
la rue Randon, puis la rue
Bab El Oued ou la rue de
la Lyre.

La partie haute d'Al-
ger, qui occupe les pen-
tes les plus escarpées
de la colline, est celle
qui a le mieux conservé
son caractère indigène.
Encore ce quartier,
qu'entourent la rampe
Rovigo et le boulevard
Gambetta au S., la
rampe et le boulevard
Valée au N., le boule-
vard de la Victoire à
l'O., a-t-il été défiguré
par le percement des
rues Randon et Maren-
go, qui le traversent en
son milieu.

Les ruelles en esca-
lier du vieil Alger for-
ment l'enchevêtrement
le plus bizarre qu'il soit
possible d'imaginer;
aucune qui soit de plain-
pied et qui aille son
droit chemin ; elles biai-
sent, serpentent tour-
nent sur elles-mêmes,

Photo Neurdein.
Rue de la Kasba.

s'enchevêtrent les unes dans les autres, tantôt escaladant des pentes
abruptes, tantôt précipitées en des descentes presque verticales. Le
jour, on peut se promener au hasard et sans danger dans la ville
haute; ruelles et impasses sont pour la plupart silencieuses; on
y entend seulement parfois, venant de l'intérieur des maisons, des
chants nasillards accompagnés de la derbouka, en l'honneur d'une
naissance ou d'un mariage; quelques-unes cependant sont plus
animées, avec leurs petites boutiques de fruitiers, d'épiciers, de
marchands de sucreries, de gâteaux à l'huile et de poissons frits,
enfin de barbiers et de cafetiers.
C'est dans les environs des petites *mosquées Mohammed Ech Ché-*

rif, Safir et *Sidi Ramdanc* (visibles t. l. j.) qu'on observera le mieux le caractère de la vie indigène.

La *zaouia de Mohammed Ech Chérif* (mosquée et tombeau) s'ouvre sur le carrefour formé par les rues Kléber, d'Anfreville et du Palmier. Le marabout qui y est enterré, et que les musulmanes implorent pour devenir mères, mourut en 1541, l'année même de l'expédition de Charles-Quint contre Alger. — A côté sont une fontaine mauresque et un café maure où vint souvent s'asseoir le peintre Fromentin.

Djama Safir, rue Kléber, fondée par Safar Ben Abdallah, renégat et affranchi de Kheïr Ed Dine, en 1534, a été reconstruite par Baba Hassane en 1791 puis par le dey Husseïn en 1827. Cette mosquée est curieuse par sa coupole octogonale, ses colonnes anciennes et son mihrab orné de faïences persanes. Non loin, près de la rue Nfissa, exquis petit *cimetière des princesses*.

Djama Sidi Ramdane, dans la rue Kléber, dont le patron est un marabout en grande vénération à Alger, est une mosquée bâtie sans luxe avant l'occupation de la ville par les Turcs.

En haut et à dr. de la rue de la Kasba, à l'angle du boulevard de la Victoire, est une petite place où se tient chaque après-midi un marché aux puces; des jongleurs et des chanteurs musulmans y donnent souvent des représentations.

Si l'on se dirige vers l'O., en traversant les eucalyptus qui croissent entre la prison civile et la caserne d'Orléans, on arrive au **cimetière musulman d'El Kettar**, établi sur un terrain abrupt, fort curieux par ses stèles de marbre blanc couvertes d'inscriptions arabes, et d'où l'on a une vue magnifique sur le Frais-Vallon, la mer, Notre-Dame d'Afrique et Bouzaréa; de là, en appuyant sur la g. le long de l'enceinte, on peut rentrer à Alger par la porte du Sahel (p. 30), où l'on trouvera le tramway d'El Biar.

Au-dessus du boulevard de la Victoire, avant d'arriver à la Kasba, on rencontre à g. l'*église Sainte-Croix*, qui est l'ancienne *Djama El Kasba Berrani*, construite en 1817. Son portique en marbre blanc (muré) donnait jadis entrée au tribunal de l'agha des Turcs.

La forteresse de la **Kasba** (se visite sur autorisation à demander aux bureaux de la place, rampe de l'Amirauté), nom qui en Algérie désigne une citadelle, est maintenant une caserne.

Historique. — Située à 118 m. au-dessus du niveau de la mer, la Kasba actuelle a remplacé une kasba plus ancienne, forteresse berbère de Sélim Et Teumi. Les Turcs en commencèrent la construction lorsqu'ils se furent rendus maîtres d'Alger en 1516; ils la terminèrent en 1590. Elle devint la résidence du souverain sous Ali Khodja, avant-dernier dey d'Alger, qui, pour échapper à la tyrannie de la milice, abandonna la Djenina, située trop au cœur de la ville et fit transporter le Trésor public à la Kasba, où il s'enferma avec une garde de 2,000 kabyles. Les janissaires, qui essayèrent de se soulever, furent écrasés et massacrés. Sous son successeur Husseïn, la Kasba vit la scène fameuse qui devait amener la prise d'Alger : « Le 30 avril 1827, le consul de France, M. Deval, s'était rendu à la Kasba pour offrir, suivant l'usage, ses hommages au Dey, à l'occasion des fêtes qui suivent le jeûne du ramadan. Tous ceux qui connaissent le monde musulman savent que cette époque amène invariablement un renouveau du fanatisme. Husseïn était de fort méchante humeur et reçut de très mauvaise grâce les compliments du consul. Les deux interlocuteurs se parlaient en turc, sans l'intermédiaire du drogman; le dialogue devint assez animé, et, à la suite d'une riposte un peu vive du consul, Husseïn le poussa avec l'extrémité du

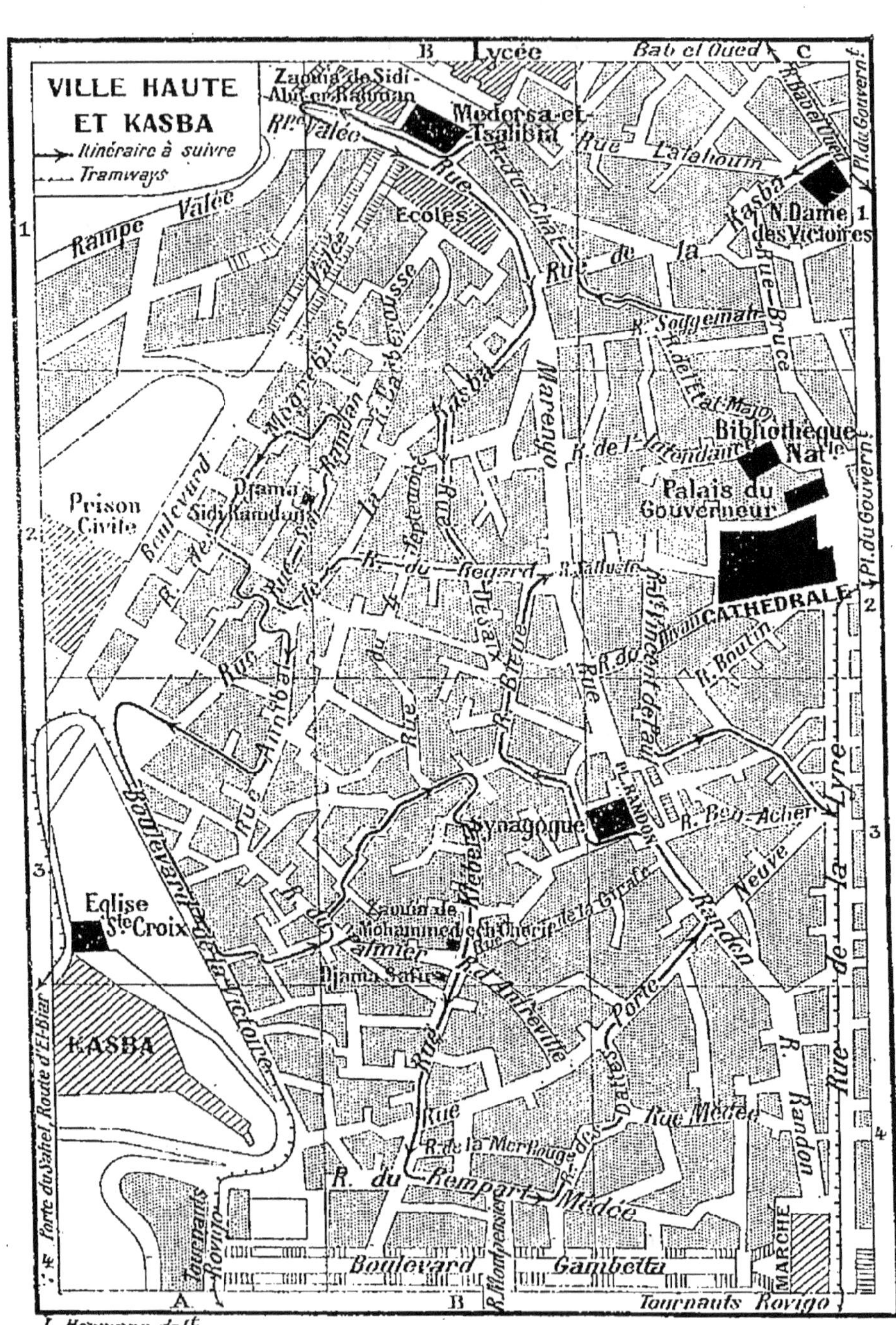

L. Hermann del.t

chasse-mouches qu'il tenait à la main et le menaça de la prison. » (*H.-D. de Grammont.*)

On entre ordinairement par la porte de la *caserne d'Orléans* (à dr. de la route, à l'extrémité des bâtiments de la Kasba) et on est accompagné d'un planton. Dans une cour, jolie *fontaine* de marbre et mosquée désaffectée, qui sert de magasin d'habillement. Appuyant à dr., on dépasse une porte ancienne (à g.) au delà de laquelle un passage (également à g.) conduit dans une seconde cour qu'entourent des galeries et des rangées d'arcades superposées; à l'étage supérieur, à dr., se trouve le pavillon du coup d'éventail (photo, p. 12).

On appelle *Tagarins* (nom dû aux musulmans émigrés d'Espagne qui l'habitaient primitivement) le quartier situé entre la Kasba et la *porte du Sahel*, au S.-O. de l'enceinte, qui livre passage à la route d'El Biar (belles plantations d'eucalyptus). Au-dessous, à g., aboutit la rampe Rovigo (p. 23), bordant dans sa partie supérieure le quartier de *Bitche.*

VII. — Faubourg Bab El Oued, hôpital du Dey, Saint-Eugène.

Trams électriques partant de la pl. du Gouvernement : toutes les 4 ou 5 min. (T. A.) pour l'hôpital du Dey (5 et 10 c., trajet en 10 min.); toutes les 8 ou 9 min. (C. F. R. A.) pour les Deux-Moulins-Saint-Eugène (10, 15 ou 20 c. et 15, 20 ou 30 c., trajet en 25 min. jusqu'au terminus).

Par suite du déplacement de l'arsenal d'artillerie et de la démolition d'une partie des remparts, des rues nouvelles, tracées au N. du lycée et de la caserne du Génie (*V.* ci-dessus, p. 24). relient Alger au faubourg Bab El Oued. Un boulevard aménagé le long du rivage de la mer continue de ce côté la terrasse qui borde la ville d'Alger, tandis qu'un tunnel (de 1 k. env.) pratiqué au-dessous du boulevard Amiral-Pierre et de l'esplanade de l'ancien arsenal, de l'angle N.-O. du port jusqu'au delà du bastion conservé à hauteur de l'enceinte sur la mer, donne passage à une voie du C. F. R. A. et assure la jonction de la ligne de Koléa avec les quais.

De la place du Gouvernement au bd Général-Farre, *V.* p. 26.

Le **faubourg Bab El Oued** commence ensuite, peuplé en majeure partie d'Espagnols, qui l'appellent la *Cantère* (de l'espagnol *cantera*, carrière), à raison des exploitations de pierre à bâtir pratiquées au flanc des escarpements rocheux qui le dominent au N.-O.

L'hôpital militaire du Dey ou *hôpital Maillot*, dont l'entrée principale se trouve au terminus du tram supérieur, occupe les bâtiments d'une ancienne maison de plaisance construite par Baba Hassane (1751-1799). Il est entouré de fort beaux jardins et vergers. L'ancien *Dar El Baroud* (maison de la poudre), encore dénommé maintenant la *Salpêtrière*, entre ces jardins et la mer, en dépend également; il fut construit pour le dey, en 1815, par M. Schultz, consul de Suède.

Le tram inférieur suit, le long de la mer et sur la dr.. l'*avenue Malakoff*; une *gare* s'élève à son raccordement avec la voie qui dessert les quais du port.

Au delà de la Salpêtrière et du quartier de la *Consolation*, a hauteur du *fort des Anglais*, bâti vers 1580 par le corsaire Djafar sur une pointe rocheuse, sont les *cimetières* européen et israélite. Dans le premier, à l'intersection des grandes allées, on remarquera le monument du général Yousouf. Dans le second, la partie ancienne (en bas) est un champ de dalles de marbre d'aspect caractéristique. — Au-dessus des cimetières, la basilique de Notre-Dame d'Afrique couronne un contrefort du massif de Bouzaréa (p. 45).

Des constructions s'étendent, interrompues seulement par les

Photo Neurdein.

Alger : Saint-Eugène.

cimetières, jusqu'à (4 k.) **Saint-Eugène** (5,000 hab.; restaurants et cafés), dont les maisons et les villas, entourées de jardinets, s'éparpillent de la vallée des Consuls à la mer. L'église et la mairie dominent la route à g. Au delà du lieu dit (5 k. 5) *les Deux-Moulins*, les habitations sont plus espacées. Sur ce parcours, le *boulevard en front de mer* récemment construit, sur lequel sont posées des voies du C. F. R. A., double l'ancienne route qui passe au milieu du village; il offre de pittoresques perspectives. — On fera bien de pousser jusqu'à (7 k. 5) la *pointe Pescade* (rest.), où la mer est fort belle (pointes et îlots rocheux; pêche abondante).

VIII. — *Mustapha*.

Trams électriques partant de la place du Gouvernement : toutes les 5 min. (C. F. R. A.) pour Mustapha inférieur (trajet en 10 min.) : toutes les 5 min. (T. A.) pour la Station sanitaire (trajet en 15 min.), et alternativement toutes les 15 min. (T. A.) pour la Colonne Voirol et pour le boulevard Bru (trajet en 45 min.).

Les quartiers inférieurs de Mustapha n'offrent aucun intérêt. Il en est autrement de Mustapha supérieur, où l'on pourra se promener sur des routes et des sentiers ombragés, bordés de villas et de jardins, et d'où l'on jouira de vues admirables sur la ville et la rade. Le mieux est de se rendre en tram au boulevard Bru ou à la Colonne Voirol et de redescendre ensuite à pied, soit directement sur Alger, soit sur le jardin d'Essai (p. 38).

L'agglomération dite de **Mustapha**, autrefois l'un des faubourgs d'Alger, puis érigée en commune distincte, et maintenant réannexée à Alger, comprend les quartiers d'Isly, de l'Agha (inférieur et supérieur), de Mustapha proprement dit (inférieur et supérieur), et de Belcourt. Le dérasement de l'enceinte qui la séparait d'Alger a été l'origine d'un mouvement très actif de construction, qui a eu pour effet de relier, sans autre solution de continuité que le boulevard Laferrière, les rues d'Alger à celles de Mustapha.

Historique. — L'*Agha* tire son nom (*Zebboudj El Agha*, les oliviers de l'agha) de ce qu'au temps des Turcs c'était là que se rassemblaient les troupes, sous le commandement de l'agha, avant de partir en campagne : ce fut ensuite le *camp d'Isly*. *Mustapha* doit son nom au dey qui construisit la demeure où est installée la bibliothèque Nationale, et qui avait une maison de campagne à l'emplacement où se trouve aujourd'hui l'orphelinat de Saint-Vincent-de-Paul. Les reis et les riches Algériens, grands amateurs de jardins, avaient semé dans la banlieue d'Alger de somptueuses maisons de plaisance, dont quelques-unes subsistent à Mustapha supérieur.

1° MUSTAPHA INFÉRIEUR. — La principale artère de l'*Agha inférieur*, et de *Mustapha inférieur*, continuation de la rue de Constantine, est constituée par les *rues Baudin* et *Sadi-Carnot*, en prolongement l'une de l'autre; des établissements industriels et de nombreux cabarets la bordent.

Au *carrefour de l'Agha*, point de jonction de ces deux rues, se détachent : à dr., la *rue Richelieu*, en forte rampe, par laquelle on peut monter à la rue Michelet (*V.* ci-après, 2°); à g., la voie également en rampe, par laquelle on descend à la *gare de l'Agha*.

En contre-bas s'étendent de vastes terre-pleins conquis sur la mer et bordés de quais : deux rampes d'accès les relient à la rue Sadi-Carnot, la première aboutissant vers le carrefour de l'Agha, la seconde à Mustapha inférieur. Au-devant s'étend le bassin de l'**arrière-port**, dont de larges môles accroissent le développement accostable. Une jetée de 800 m., enracinée à l'angle S.-E. du port, le couvre du côté du large, tandis qu'une passe pratiquée dans la jetée S. le fait communiquer avec le port (p. 20).

A l'angle du **Champ de manœuvres**, vaste place entourée de plantations d'arbres au S. de laquelle s'élève l'*Arsenal*, il y a une bifurcation. La route de g., voisine de la mer, qui garde le nom de rue Sadi-Carnot jusqu'aux *ateliers* du P.-L.-M., puis devient la *route de Constantine*, traverse le quartier de l'*Abattoir*; celle de dr., qui est la *rue de Lyon*, passe par le quartier de *Belcourt*. Toutes deux conduisent au jardin d'Essai (p. 38).

A dr. du Champ de manœuvres, la *rue Marguerille* et le *chemin Bobillot* montent à la route de Mustapha supérieur, au delà du palais d'été (p. 36). Aussi à dr., la *rue*, puis le *chemin de Fontaine-*

CONSTANTINE

GRAND HOTEL D'ORIENT SAINT-GEORGES
CHIARELLI & SEGOND
Rue Caraman. P. Casanova et de la |Concorde

Télégr. : CHIARELLI-SECOND-CONSTANTINE — Téléphone : 1.13

50 chambres. — Situé au centre de la ville. — Cuisine renommée.
— Salon. — Fumoir. — Électricité. — Bains, — Omnibus, automobile
tous les trains. — Garage à proximité. — Chambre noire. — Anglais.
— T. C. F.

San Sébastian

(ESPAGNE)

La plus belle plage du Monde

Climat incomparable toute l'année
La mer et la montagne réunies

11 heures de Paris
20 minutes de la frontière française (Hendaye)

SAISON D'HIVER, Printemps. SAISON D'ÉTÉ, Automne

Tirs aux pigeons. — Courses de taureaux, les meilleures en Espagne. — Grandes régates internationales, les plus importantes du littoral. — Concours hippique international avec des prix très importants. — Football. — Tennis. — Golf. — Pêche. — Tous les sports. — Centre d'excursions. — Pays splendide.

GRANDES COURSES DE CHEVAUX
Deux meetings par an : Avril-Mai et Septembre-Octobre
Un million et demi de prix

GRAND CASINO *Ouvert toute l'année*
MÊMES ATTRACTIONS QUE SUR LA RIVIERA
Orchestre de 80 musiciens. — Deux concerts par jour. — Concerts classiques. — Concerts artistiques avec les plus grands artistes. — Festivals. — Représentations théâtrales. — Grands bals cotillons. — Fêtes de nuit. — Restaurant de tout premier ordre à prix fixe et à la carte. — **OUVERT TOUTE L'ANNÉE.**

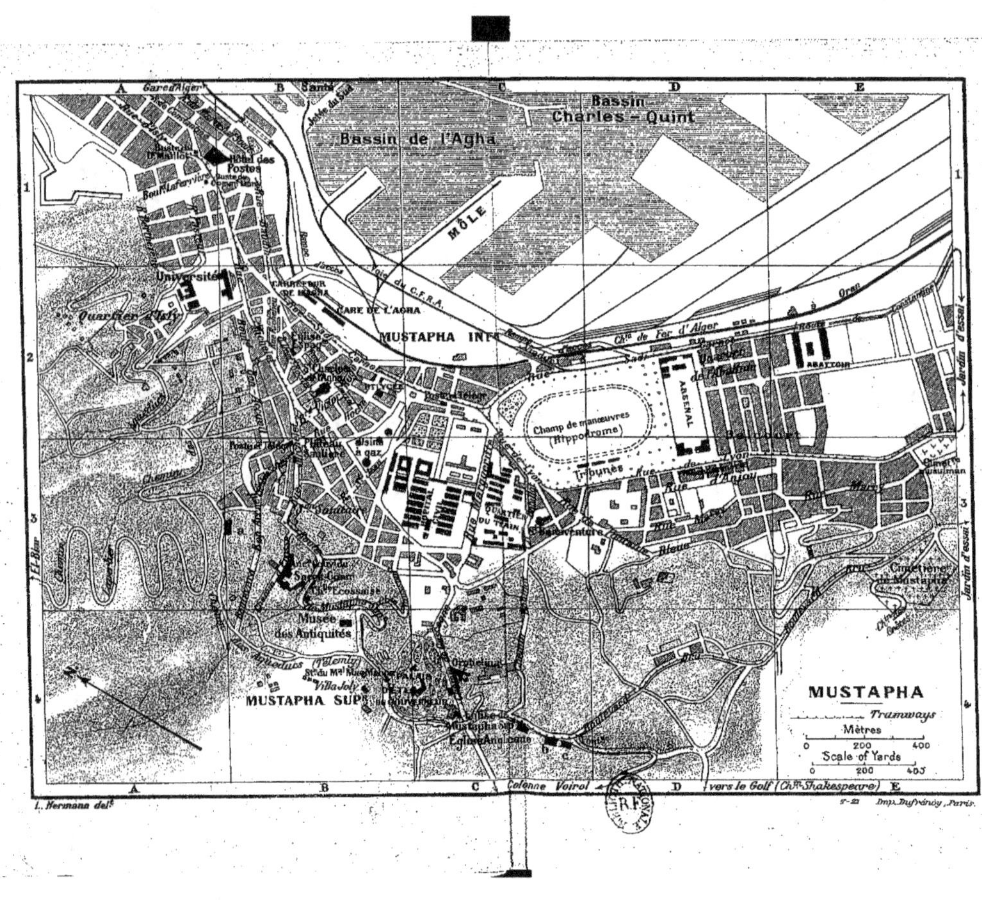

Gare d'Alger
Santé
Bassin
Charles-Quint
Bassin de l'Agha
Hôtel des Postes
D.r Maillot
Boul.d Laferrière
MÔLE
Université
Quartier d'Isly
CARREFOUR DE L'AGHA
GARE DE L'AGHA
Église
MUSTAPHA INF.re
Voie du C.F.R.A.
Ch.in de Fer d'Alger
Oran
Arsenal
Université de Méd.ne
ABATTOIR
Champ de manœuvres
(Hippodrome)
Poste et Télégr.
Usine à gaz
Tribunes
Rue d'Anjou
Jardin d'essai
Notaire
Conservatoire
Rue Bleue
Fort du Gouv.t
É.se Écossaise
Musée
des Antiquités
Aqueducs (Vestiges)
St.on du M.al Bugeaud
Villa Joly
MUSTAPHA SUP.re
du Gouvernement
Orphelinat
El-Biar
Jardin d'essai
Cimetière
de Mustapha
Église
Mustapha sup.re
Église Anglaise
MUSTAPHA
Tramways
Mètres
0   200   400
Scale of Yards
0   200   400
Colonne Voirol
vers le Golf (Ch.u Shakespeare)

Bleue conduisent au boulevard Bru et à Mustapha supérieur (*V.* ci-dessous, 2°); des chemins ombragés pour piétons (poteaux du C. A. F.), s'en détachent (à dr.).

2° MUSTAPHA SUPÉRIEUR. — La principale artère de l'*Agha supérieur* et de **Mustapha supérieur** est la *rue Michelet*, continuation de la rue d'Isly. Sur cette rue, à dr., sont le *lycée de jeunes filles*, puis le **palais de l'Université**, où sont groupées les Facultés de Droit, de Médecine, des Sciences et des Lettres.

Le palais de l'Université, auquel on accède par un double escalier et une rampe, renferme des salles de cours publics et de conférences, des amphithéâtres, des laboratoires, une **bibliothèque** (où l'on peut obtenir l'autorisation de travailler), des collections géologiques et paléontologiques. Un jardin botanique y est annexé

Derrière l'Université s'étend, à flanc de coteau, jusqu'au chemin des Aqueducs (p. 35), le pittoresque quartier d'*Isly*.

En continuant à suivre la rue Michelet, on laisse : — à dr. le *boulevard Bon-Accueil*, qui se raccorde au chemin des Aqueducs (p. 35) à quelque distance du musée des Antiquités et du Palais d'été; — à g., après la rue Richelieu (*V.* ci-dessus, 1°), la *rue Tirman* qui dessert l'*église espagnole*, sans intérêt; — à g., la *rue Bourlon* conduisant à la *rue Denfert-Rochereau*, où se trouve l'*église Saint-Charles de l'Agha*, de style byzantin, bâtie en 1894-1896; — à g., bordé de palmiers d'une belle venue, le *boulevard Victor-Hugo*, qui sépare l'Agha de Mustapha; mais les deux quartiers sont en réalité confondus aujourd'hui.

Au *plateau Saulière*, le *chemin de la Solidarité*, à dr., est l'amorce du sentier direct sur le chemin Laperlier et sur El Biar, signalé p. 35. On arrive ensuite à la *Station sanitaire*, point de départ des trams pour la place du Gouvernement.

De la Station sanitaire à la Colonne Voirol, la voie centrale de Mustapha supérieur, route plutôt que rue, suivie par le tram, s'élève par de nombreux lacets; les maisons, plus rares, sont des villas avec des parcs. On passe devant la *chapelle écossaise* (à g.) et le *jardin du musée* (à dr.), bien aménagé en 1914 dans un terrain en pente. — Près de la villa Musnier, plus haut et à g., *chemin Yousouf*, qui recoupe les chemins de Gascogne et Bobillot, puis la rue de Fontaine-Bleue et qui aboutit au Champ de manœuvres. — Au delà de la *villa du Bardo*, tournant où a été érigée une croix en 1850; de là, *****vue admirable d'Alger, de sa rade, du cap Matifou et, à l'arrière-plan, des montagnes de la Kabylie.

Le *****musée des Antiquités** s'élève, un peu plus haut, à dr., au milieu d'un joli *jardin* dans lequel se voit un *dolmen* provenant des Beni Messous. — Le long des murs extérieurs du musée, sur la façade, statues d'un Romain, trouvée près de Constantine, et d'une Romaine, de Cherchel; débris d'architecture antique; à g., inscriptions libyques, puniques, latines; stèles figurées, dédiées à Saturne, le grand dieu de l'Afrique romaine; à dr., inscriptions latines et débris d'architecture turque.

Visite : — t. l. j. de 13 h. à 16 h. ou à 17 h. suivant la saison, *excepté le lundi*; en dehors de ces heures, s'adresser au concierge. (La distribution des collections dans les locaux est en voie de subir des remaniements.)

Vestibule. — Anciennes vues d'Alger. — Au-dessus de la porte, le *Bon Pasteur*, fragment d'un pavement en mosaïque trouvé dans la basilique de Rusguniæ, près du cap Matifou.

Cour. — Sous les galeries : inscriptions arabes et turques, anciennes vues d'Alger. — Dans la cour même : mosaïque trouvée à Sila (province de Constantine), représentant Scylla et des divinités marines; mosaïque trouvée à Tipaza, dans la chapelle de l'évêque Alexandre, représentant des poissons·

Antiquités préromaines et romaines de l'Algérie. — **Salle I** (à dr. de la cour). — Au milieu, mosaïque des *Saisons*, découverte aux environs d'Aïn Beïda. — Armes et outils en silex, qui proviennent en grande partie du Sahara; poteries et objets en bronze, trouvés dans des dolmens, aux Beni Messous et dans la région de Tébessa; poteries puniques, recueillies dans des tombes à Gouraya, à l'O. de Cherchel; modèles réduits du Tombeau de la Chrétienne et du Médracen, mausolées royaux antérieurs à la domination romaine.

Salle II ou **Grande Salle** (au fond de la cour). — Torse célèbre de la *Vénus de Cherchel* (type de la Vénus du Capitole); *Femme drapée*, copie d'un original de l'époque de Phidias (même provenance); *Neptune* colossal (même provenance); *Bacchus* (même provenance); Groupe d'un *Satyre* et d'un *Hermaphrodite* : Jeune *Satyre*; Statuette de bronze, représentant un *enfant* tenant un oiseau (Lambèse); belle tête colossale de *Minerve*, trouvée à Khamissa. — Deux piliers en marbre, de Cherchel, décorés de rinceaux de style analogue à celui des sculptures ornementales de la Renaissance italienne. — Moulages des principales statues des musées d'Algérie. — Sur les murs, diverses mosaïques trouvées en Algérie : tête d'*Océan* flanquée de *Néréides* (Sétif); l'*Hiver* (Aumale); débris d'une grande mosaïque des Ouled Agla, près de Bordj Bou Arréridj, représentant les *Amours de Jupiter* (Europe et le taureau, Danaé et la pluie d'or, Antiope et Jupiter en Satyre); *Enlèvement d'Europe*, *Pasiphaé et Dédale* fabriquant le taureau (Aïn Beïda); *Bacchus et les Saisons* (Lambèse); *Chasse au sanglier et à la panthère* (Orléansville), etc.

Salle III (à g. de la cour). — *Bas-relief* de Carthage représentant Mars, Vénus et Jules César; têtes de l'époque romaine, originaux (les empereurs *Hadrien* et *L. Vérus*; dames romaines du II° s.) et moulages; sarcophage d'enfant trouvé à Sousse; sarcophage chrétien de Dellys (miracles du Christ). — Dans une vitrine, jolie statuette en bronze de *Vénus* au bain (Cherchel); statuette de *Diane* (prov. de Constantine); *masque* en bronze, débris d'un casque de parade (région d'Aumale); *tête d'enfant* ou *d'Amour*, en bronze (Berrouaghia); belle *lampe* chrétienne en bronze dressée sur un support (Mouzaïaville); verreries (tombeaux romains d'Alger). — Dans une autre vitrine, reliquaires chrétiens (prov. de Constantine). Dans d'autres, lampes, menus objets, médaillier. — Plan en relief du quartier central de Timgad. — Aux murs : mosaïque représentant une *Néréide* (Kalaa des Beni Hammad); mosaïques avec inscriptions chrétiennes (Tipaza).

Art musulman de l'Afrique septentrionale. — Les salles de cette section se suivent, la salle A s'ouvrant sur la première salle de la section des Antiquités et la salle E débouchant sur la troisième salle de la même section. Cette section n'est pas encore complètement installée.

Salle A (au fond de la salle I et à dr. de la salle II). — Collection d'*objets berbères* : étoffes, tapis, cuirs. Dans une vitrine octogonale, *bijoux* de l'Aurès, de la Kabylie, etc. Dans d'autres vitrines, broderies de Fès, de Rabat et de Tétouan; poteries de Fès et de Naboul.

Salle B (au fond de la précédente). — Suite de la collection d'*objets berbères* : tapis, poteries, bois (grand coffre kabyle à fusils; berceau; dans des vitrines plates, marques à gâteaux, etc.).

Salle C (salle voûtée, derrière la grande salle II). — Elle sera consacrée aux *objets marocains* (quelques tapis). — On a placé entre cette salle et la salle II une belle *porte* en bois, sculptée au xviiie siècle pour la mosquée des Ketchaoua (cathédrale actuelle, p. 16) et qui fut longtemps à l'entrée de l'église Notre-Dame-des-Victoires (p. 26); elle est attribuée au maître Ahmed Ben Lablachi.

Salle D (à la suite de la précédente). — Belle collection de *broderies d'Alger*, sur étamine ou sur toile, en général du xviiie siècle : grands rideaux qui étaient placés dans des baies entre les portiques intérieurs des maisons et les chambres, écharpes, bonnets de bain, etc. — A dr., une porte sculptée, de style turc, précède une petite salle voûtée, décorée de *carreaux de faïence* de Delft et de Marseille, importés à l'époque turque pour servir de revêtements dans des riches maisons.

Salle E (à g. de la salle précédente; elle communique aussi avec les salles II et III). — Suite de la collection des *broderies d'Alger* sur étamine et sur toile. Broderies d'or sur velours et sur cuir. Selles brodées, cuivres d'Alger, armes de l'époque turque. — Dans une vitrine centrale hexagonale, *bijoux* et *armes* de la même époque. — Au fond, près de la salle III, *objets tunisiens* : tentures, tapis, meubles en écaille et nacre, grand lit. A l'intérieur de ce lit, on a placé le moulage d'un supplicié de l'époque turque (1567). Ce personnage, qu'on croit être un martyr chrétien, nommé Geronimo, avait été condamné par le pacha Euldj Ali à être enseveli vivant dans un bloc de pisé; ses formes s'y moulèrent exactement. Quand on retrouva ce bloc (1853), lors de la démolition du fort turc dit des Vingt-quatre heures (près du lycée), on obtint le moulage exposé au musée en coulant du plâtre dans le creux correspondant à la place occupée par le corps.

Près de l'entrée du musée, une salle sert de **bibliothèque** : collection de photographies de monuments antiques et de monuments musulmans de l'Algérie (on peut la consulter sur autorisation du Directeur). Cette salle contient des *tapis* orientaux et aussi des objets du xviiie s., légués par Mme Mahó (meubles, porcelaines chinoises et européennes).

En quittant le musée, on ne manquera pas de jeter un coup d'œil sur le jardin et d'admirer la belle vue sur la rade d'Alger dont on jouit de la terrasse. — Dans le jardin, à g. du musée, *pavillon des forêts de l'Algérie*, spécimens de bois, animaux empaillés, etc.

Au delà du jardin du musée se détache (à dr.) le chemin du Télemly ou chemin des Aqueducs, ainsi nommé parce qu'il suit sur certains points le tracé de conduites turques, restaurées, et améliorées servant à l'adduction d'une partie des eaux qui alimentent Alger. C'est une fort jolie promenade à flanc de coteau, qui ramène (en 1 h.; 4 k. env.) à Alger, où l'on aboutit aux tournants Rovigo, après avoir longé en contre-haut le quartier d'Isly. Ce chemin est carrossable, plan et ombragé, mais long et sinueux; cyclistes et automobilistes devront prendre garde à quelques tournants brusques, aggravés par l'étroitesse de la chaussée. A chaque détour, vues variées et charmantes sur la mer; belles villas dans des jardins de végétation magnifique. — Du chemin des Aqueducs partent (à g.) deux sentiers en pente raide, l'un près du musée, l'autre à hauteur de l'hôtel Continental, qui gravissent les collines et aboutissent en 20 min. env., le premier à la route de la Colonne Voirol à El Biar (p. 43, *B*), le second au chemin qui suit : entre ces deux sentiers, également à g., chemin carrossable en lacets, dit *chemin Laperlier*, allant se raccorder à la route d'Alger à El Biar proche la villa des Oliviers (p. 43, *A*).

Si l'on veut descendre en ville plus rapidement, on regagnera la rue Michelet en traversant le jardin du musée, ou quittant le chemin des Aqueducs près de l'hôtel Continental et en prenant (à dr.), soit le boulevard Bon-Accueil, soit le chemin de la Solidarité (*V.* ci-dessus).

Le palais d'été du Gouverneur (pour visiter, s'adresser au concierge), un peu au delà du musée des Antiquités, à g. de la route, est un ensemble de constructions mauresques modernes au milieu d'un parc ombreux, orné d'essences méditerranéennes et de plantes tropicales. Les fêtes gouvernementales y trouvent un cadre merveilleux. De chaque côté de la porte d'entrée, médiocres bustes de divers gouverneurs de l'Algérie. — En face du palais, *statue* en marbre blanc *du maréchal de Mac-Mahon*, gouverneur général de 1865 à 1870.

Plus loin, à g., une petite *église*, paroisse de Mustapha supérieur, est installée dans une maison mauresque; l'*orphelinat de Saint-Vincent-de-Paul* est situé en contre-bas.

A dr., le *chemin de Gascogne*, bien ombragé permet aux piétons de monter en quelques min. à la Colonne Voirol, où l'on rejoint la route. — A g., le même chemin prolongé par la rue Margueritte, et le chemin Bobillot, descendent l'un et l'autre au Champ de manœuvres (p. 32).

A dr. s'élève l'*église anglicane de la Sainte-Trinité* (bibliothèque), de construction moderne. Au delà, après avoir dépassé les *hôtels Alexandra* et *Saint-Georges* (à dr.), on arrive à la bifurcation du boulevard Bru; *fontaine* de style oriental à la mémoire de M. John Bell.

Le **boulevard Bru** (à g.), desservi par les trams électriques (toutes les 30 min.), offre de très beaux points de vue et constitue une promenade des plus recommandables. Il contourne le ravin de Fontaine-Bleue et passe en contre-bas du cimetière européen de Mustapha. En continuant au delà, on atteint, par le *chemin des Arcades* (p. 38), le jardin d'Essai (p. 38).

Bordée de villas enfouies dans des parcs verdoyants, la route va toujours montant par un grand lacet.

A g., à l'extrémité de ce lacet, origine du chemin Shakespeare ou des Crêtes, par lequel on se rend à l'Olivage et au Golf (p. 40).

On arrive au **bois de Boulogne**, à g. et en contre-haut de la route. Ce bois de 23 hect., planté en arbres d'essences diverses, pins, eucalyptus, et sillonné de chemins commodes, offre d'agréables promenades (entrée à hauteur du terminus du tram); de sa crête S.-O., on jouira d'une vue très belle sur le ravin de Birmandreïs, la plaine de la Mitidja et l'Atlas.

La **Colonne Voirol** (nom du général gouverneur intérimaire en 1833 et 1834) fut élevée par le génie militaire en 1834 au point culminant de la route entre Alger et Birmandreïs (210 m.), pour commémorer l'ouverture de la route de Birkadem. C'est le terminus du tram électrique. Du revers N. de ce point, Alger offre, par un ciel pur, un tableau véritablement magique.

La Colonne Voirol est un nœud de routes important. Là s'embranchent notamment les routes de (1 k. 9) Birmandreïs (p. 41) de (4 k.) Kadous et (3 k.) d'El Biar (p. 43). C'est un excellent point de départ pour bon nombre des plus jolies promenades des environs d'Alger.

Photo Neurdein.

Route aux environs d'Alger.

ENVIRONS D'ALGER

Sous ce titre sont décrites les promenades à faire aux environs immédiats d'Alger, dans un périmètre circonscrit par le jardin d'Essai, Kouba, Birkadem, Tixeraïn, Kadous, Ben Aknoun et Bouzaréa ; ce périmètre correspond au secteur oriental de la région littorale de hauteurs dite le Sahel d'Alger et il en comprend les parties les plus accidentées et les plus pittoresques. Les chemins et les sentiers que l'on y peut suivre, à pied, à cheval, en voiture ou à bicyclette, sont innombrables ; les énumérer tous n'aurait pas été possible ; les touristes qui s'écarteront des itinéraires décrits ci-dessous auront pour les guider de nombreux poteaux, placés aux carrefours par les soins du *Club Alpin français* (C. A. F.).

Les trams électriques, qui partent très fréquemment de la place du Gouvernement ont beaucoup facilité les excursions aux environs d'Alger. Ils permettent de traverser rapidement la zone sans intérêt des faubourgs et ils épargnent la fatigue de l'ascension, pénible s'il fait chaud, des collines auxquelles Alger est adossé. On recommande aux touristes à pied de se rendre par ces trams, soit au boulevard Bru ou à la Colonne Voirol, soit à El Biar, d'où ils pourront étendre le cercle de leurs excursions et rayonner à leur aise. Au delà des terminus des lignes électriques, ils rencontreront aussi, bien que moins fréquemment, d'assez nombreuses voitures publiques, d'ailleurs médiocrement confortables.

Les cyclistes trouveront avantage à faire transporter leur machine par le tram électrique d'El Biar, qui a un fourgon à bagages ; ils éviteront ainsi les fortes rampes qui, dans la traversée d'Alger et de Mustapha, dépassent souvent 5 p. 100 et atteignent parfois 7 à 9 p. 100 de même, s'ils suivent le littoral, les **trams** et les chemins de fer côtiers (qui n'acceptent et ne livrent de bagages à Alger qu'à la station de la rue Waïsse) leur permettront d'éviter la traversée d'une zone poussiéreuse, souvent pavée et presque toujours encombrée.

Pour les **voitures de place à chevaux**, on verra si l'on a avantage à les prendre à l'h. (4 et 5 fr.), à la demi-journée (20 fr.) ou à la journée (35 fr.). — Quant aux **automobiles de place**, s'ils ne sont pas pourvus de taximètres, on débattra le prix à payer, qui ne devra pas dépasser 1 fr. 50 le k.

Les sites des environs d'Alger sont parmi les plus beaux qui se puissent voir. « Autour d'Alger, des jardins étincelants comme des ceintures de perles et de pierres précieuses enserrent des villas divines. Là, des lianes toutes violettes décorent des murs blancs, encadrés de faïences bleues ; tous les arbres et tous les arbustes du monde y jettent ensemble l'éclat de leur jeunesse. Les roses les plus délicates y poussent en buissons ; les géraniums rouges y sont hauts comme des hommes ; des bourrelets de violettes de **Parme** enveloppent des parterres d'iris ; autour des nappes limpides qui tombent des vasques débordantes, des arums aux conques laiteuses se mêlent à des plantes étranges dont les longues fleurs orangées ont des langues bleuâtres, et ressemblent à des têtes d'oiseaux. » (*E. Masqueray.*)

On ne saurait assez recommander aux touristes de consacrer, s'ils le peuvent, plusieurs jours aux environs d'Alger, encore plus intéressants que la ville elle-même. Ce sont des points de vue incessamment variés sur la mer, la plaine et la montagne : une campagne riante et paisible, des routes ombragées d'oliviers, des bois de pins. On ne devra pas manquer d'aller au jardin d'Essai, à El Biar par la Colonne Voirol, à Bouzaréa, etc.

1° Le jardin d'Essai.

A. — Par Mustapha inférieur.

TRAM électrique : 5 k. 5 (C. F. R. A. ; 12 dép. par h.) de la place du Gouvernement pour le jardin d'Essai (20 et 30 c.), les uns (voyant rouge) passent à l'E. du Champ de manœuvres (rue Sadi-Carnot et route de Constantine), et aboutissent à l'Oasis des Palmiers, les autres (voyant vert) à l'O. (rue de Lyon) et vont aux Platanes. Le trajet n'a aucun intérêt ; on le fera en tram (24 à 28 m.) ou en voit., et non à pied. — Voit. de place, 4 fr. 50 aller et ret. compris le tour du jardin. — C'est l'itinéraire direct qu'on prendra, si le but de la promenade est seulement le jardin d'Essai ; les autres itinéraires indiqués plus bas sont un peu détournés, mais très intéressants si l'on n'est pas pressé.

De la place du Gouvernement à Belcourt, p. 32.

5 k. (par le tram des Platanes). A dr., *cimetière musulman* de Belcourt (visible t. les j., sauf le vendredi, qui est réservé aux femmes) et *koubba de Sidi Abd Er Rahmane Bou Kobrine.*

Ce marabout (1728-1793), originaire du Djurjura, est le fondateur de la confrérie religieuse des Rahmanïa, qui compte de nombreux adeptes en Algérie. Il est surnommé *Bou Kobrine*, l'homme aux deux tombeaux, parce qu'on prétend que son corps se trouve à la fois aux Aït Smaïl, en Kabylie, et au Hamma d'Alger, où les Turcs l'auraient fait transporter afin d'éviter que son tombeau devînt un centre de ralliement pour les populations belliqueuses de la Kabylie. A certaines époques de l'année, les indigènes viennent en grand nombre en pèlerinage à la koubba du Hamma qui renferme le catafalque de Bou Kobrine.

Au-dessus du cimetière (par la *rue du Colonel-Combe*, puis à g.), dans la propriété Sabatéry, est située la *grotte* dite *de Cervantès*, à

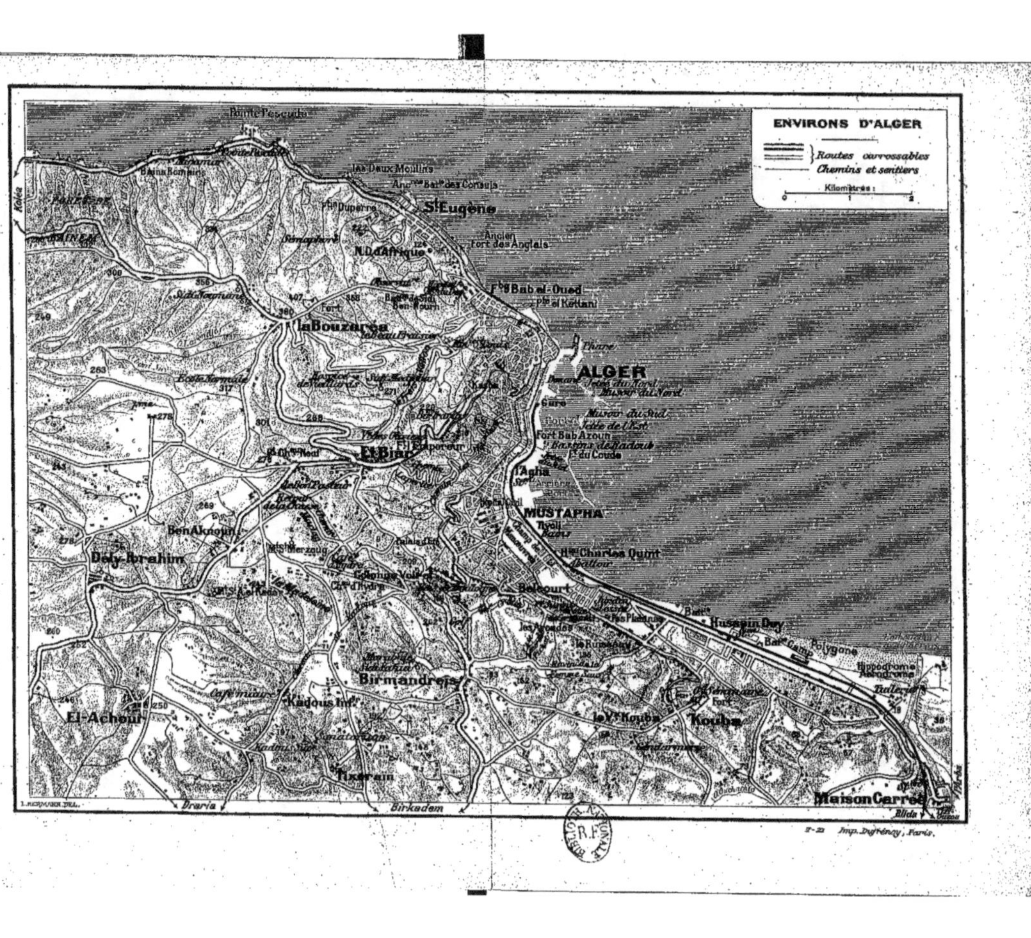

ENVIRONS D'ALGER
Routes carrossables
Chemins et sentiers
Kilomètres :
0   1   2
Route Pescade
Pointe Pescade
Les Deux Moulins
Anc. Bat. des Corsais
St Eugène
Pte Duperré
Ancien
Fort des Anglais
N.D. d'Afrique
Fort Bab el-Oued
Pte el Kettani
Phare
ALGER
Jetée du Nord
Musoir du Nord
Gare
Musoir du Sud
Jetée de l'Est
Fort Bab Azoun
Bassins de Radoub
Fort du Coude
La Bouzaréa
El Biar
Agha
MUSTAPHA
Tivoli
Bains
Ben Aknoun
Bt Charles Quint
Ballon
Dely-Ibrahim
Belcourt
Hussein-Dey
Bat. cam
Polygone
Hippodrome
Birmandreis
Kadous Inf.
El-Achour
Le V. Kouba
Kouba
Tixeraïn
Draria
Birkadem
Maison-Carrée
Blida
Sidi Ferruch
Imp. Dufrénoy, Paris.
L. Kerwer del.

l'entrée de laquelle la colonie espagnole a fait placer un buste de l'illustre auteur de *Don Quichotte*, qui fut esclave à Alger de 1575 à 1579. Il est d'ailleurs plus que douteux qu'elle ait servi d'asile à Cervantès.

5 k. 5. *Les Platanes* : à g., entrée du jardin d'Essai ; à dr.. *fontaine* datant de la période turque puis, au débouché du *chemin des Arcades* qui conduit au boulevard Bru (p. 36), l'*Institut Pasteur d'Algérie*. On est au centre de la région du **Hamma**, étroite bande de terre entre les collines et la mer, à laquelle sa richesse en eaux a fait donner son nom, qui signifie lieu inondé et fiévreux. La mise en culture de ce bas-fond a eu, pour résultat de l'assainir; l'ancien marais a été transformé en jardins maraîchers de haute productivité.

Le *jardin d'Essai ou *jardin du Hamma* fut créé en 1832, sous la direction de M. Hardy. Concédé à la Compagnie algérienne, il fut dirigé depuis 1867 par M. Ch. Rivière. L'Etat en a repris possession en 1914 et a commencé par y créer une *école d'horticulteurs indigènes*; de nouveaux aménagements sont en cours. C'est à la fois une admirable promenade publique, une pépinière pour la production et la diffusion des végétaux indigènes, un jardin scientifique et d'acclimatation pour les végétaux exotiques.

C'est au Hamma, sur l'emplacement du jardin d'Essai, que Charles-Quint fit débarquer ses troupes le 23 octobre 1541; huit jours après, le 31, il rembarquait les débris de son armée sur les vaisseaux échappés à la tempête du 26, et ralliés à grand'peine par Doria à Matifou (p. 11).

Le jardin d'Essai a 80 hect. de superficie; il offre deux sections bien distinctes : l'une, la partie plane, entre la mer et la route, l'autre, la partie haute et accidentée qui commence au delà de la route.

La partie plane est divisée en carrés parallèles, où sont cultivées des plantes de pépinières et celles qui présentent un intérêt horticole. Elle est coupée par trois grandes allées longitudinales; l'*allée des Platanes*, vis-à-vis de l'entrée principale: l'*allée des Palmiers*, plantée en 1847, l'*allée des Ficus*. Ces trois grandes allées sont elles-mêmes recoupées par des allées transversales, parmi lesquelles l'*allée des Bambous*, l'*allée des Chamærops excelsa*, l'*allée des Dracænas*, l'*allée des Lataniers*. Dans un angle au S. a été dessiné un *jardin anglais* (petit lac avec des plantes aquatiques). — A proximité de l'allée des Ficus, se trouve un *parc d'acclimatation* (peu intéressant; quelques autruches). — Une *oasis de palmiers* prolonge le jardin d'Essai entre la route de Constantine et la mer (rest. : *de l'Oasis-des-Palmiers*; *de la Closerie-des-Palmiers*; *des Bains*); de la plage, au delà du chemin de fer, belle vue sur Alger.

La partie haute du jardin, plus agreste, est couverte d'essences forestières; les espèces acclimatées (*eucalyptus* et *araucarias* d'une vigueur extraordinaire) proviennent de l'Australie, du Cap, de l'Amérique du Sud. Des allées qui s'entre-croisent. dont une carrossable, permettent d'arriver au sommet, où aboutissent les deux itinéraires qui suivent. — Dans le bas de cette section forestière, *villa Abd El Tif*, maison mauresque où sont pensionnés par le Gouvernement général pendant deux ans, quatre jeunes artistes désignés par une commission parisienne d'artistes français (visible le dim.).

B. — **Par le boulevard Bru.**

Tram électr. : (T. A.) t. l. 30 min. de la place du Gouvernement (20 à 30 c.) et de la Station sanitaire (15 à 20 c.) pour le bd Bru, puis à pied ou en voit.

Du boulevard Bru (p. 36), en continuant jusqu'à la fin de la montée, puis par les *rues Laurent-Pichat et de Béhagle*, on arrive en moins de 15 min. à la batterie des Arcades (*V.* ci-dessous, *C*), d'où l'on descend par le jardin d'Essai supérieur aux Platanes (p. 39).

C. — **Par le chemin de Shakespeare ou des Crêtes.**

Tram électr. : (T. A.) toutes les 30 min., de la pl. du Gouvernement (20 et 30 c.) et de la Station Sanitaire (15 ou 20 c.) pour la Colonne. Du grand lacet au delà de l'embranchement du bd Bru, ou de la Colonne même, à pied ou en voit. jusqu'aux Platanes. — Promenade recommandée.

Si l'on est pressé, on prendra (à g.) le chemin de Shakespeare ou des Crêtes à son origine, au grand lacet que prononce la route à quelque distance au delà du boulevard Bru (p. 36). Mais il sera préférable, si l'on a le temps, de monter en tram jusqu'à la Colonne et de traverser le bois de Boulogne (p. 36; prendre le chemin le plus à l'O., qui est le plus joli).

1 k. *L'Olivage.* On sort du bois de Boulogne et on trouve le chemin des Crêtes, qu'on suit tout droit. A dr., chemin creux sur (15 min.) Birmandreïs (p. 41, 3°). — Après avoir laissé à dr. un hôtel-pension, on arrive au chemin d'accès (également à dr.) du Golf.

Le **Golf-Club** est installé dans une situation admirable, sur un plateau ondulé d'où l'on jouit d'une vue magnifique sur la baie d'Alger, la Mitidja, l'Atlas, les montagnes de Kabylie. La superficie des terrains affectés au jeu est de 15 hect., comportant 9 trous et des parcours de 2 k. env. Une ancienne maison mauresque y a été aménagée fort heureusement à l'usage des membres du club ; à côté, petit marabout de Sidi Abd Er Rezeg. Outre des membres permanents (à 60 et 100 fr. par an), le club admet des membres temporaires au mois (30 et 40 fr.), à la semaine (12 et 15 fr.) et à la journée (3 fr.); gérant professionnel auquel on peut demander des leçons.

1 k. 5. Carrefour. — A g., chemin sur le boulevard Bru ; à dr., chemin sur (15 min.) Birmandreïs. — De ce point, on peut, soit continuer par le chemin des Crêtes jusqu'au delà du *cimetière de Mustapha*, où l'on rejoint l'itinéraire précédent, soit appuyer à dr. avant le cimetière, en laissant celui-ci sur la g.

3 k. 5. *Batterie des Arcades*, que l'on contourne. On entre ensuite dans le jardin d'Essai supérieur (p. 38). — 4 k. 5. *Les Platanes* (p. 39).

D. — **Par Birmandreïs et le Ravin de la Femme-Sauvage.**

Pour la description de cette belle promenade, *V.* ci-après, 3°.

2° Kouba.

Tram électr. : 8 k. 5 S.-E. (C. F. R. A.; voyant vert) toutes les 30 min.
de la pl. du Gouvernement; 35 et 50 c., trajet en 50 min.

5 k. 5 d'Alger au jardin d'Essai (p. 38). — 6 k. A dr., *Mont-plaisir*, groupe d'habitations.

7 k. 5. *Le Ruisseau.* — On laisse à dr. la route conduisant, par le Ravin de la Femme-Sauvage, à (4 k.) Birmandreïs (*V.* ci-dessous). A g., une autre route presque partout bordée de maisons permet de gagner, en quelques min., la route de Constantine et le tram de Maison-Carrée, à l'entrée (600 m.) d'Husseïn-Dey.

A partir du Ruisseau, la route monte jusqu'à Kouba, dominant l'ancien sentier arabe (à dr.).

8 k. 5. **Kouba**, village de 600 hab. européens. Sa position sur une hauteur (127 m.) est des plus belles; on domine le Hamma, et l'on a le panorama de la baie décrivant sa courbe d'Alger à Matifou. Kouba, qui possède un *grand séminaire* et une *église* dont la coupole s'aperçoit de loin, doit son nom à la koubba édifiée en 1543 par Hadj Pacha et qui sert de chapelle dans le jardin du grand séminaire. Une *statue du général Margueritte*, qui fut tué à Sedan, a été érigée sur la place de Kouba, où le général a passé sa jeunesse.

De Kouba, par (1 k. S.-O.) *Vieux Kouba*, camp des premiers bataillons d'Afrique, on peut se rendre à (4 k. O.) Birmandreïs (*V.* 3°). — Par la même route, mais en bifurquant à g. à 1 k. au delà de Vieux Kouba, on arrive à (5 k. S.-O.) Birkadem (*V.* 3°). — On peut également atteindre Birkadem par la route du Gué-de-Constantine, plus longue (8 k.), mais qui offre des vues superbes sur la Mitidja, que l'on domine de près, et sur l'Atlas. A 2 k. de Kouba, on prend une route à dr., qui ramène sur Birkadem.

3° Birmandreïs et Birkadem.

12 k. S. — Serv. d'autobus de la pl. de la Pêcherie, 7 dép. par j. (1 h. 30 et 50 c. pour Birmandreïs, 1 h. 45 et 75 c. pour Birkadem). Le mieux est d'aller jusqu'à la Colonne Voirol par le tram électrique (T. A.) et de prendre ensuite la correspondance, ou d'en descendre à pied en 20 min. à (2 k.) Birmandreïs. — De Birmandreïs, on peut revenir par le Ravin de la Femme-Sauvage (p. 42), qui aboutit au (4 k.) Ruisseau, où l'on retrouve le tram (C. F. A.). La promenade, toujours en descendant, est peu fatigante et très recommandable.

7 k. d'Alger à la Colonne Voirol (p. 32 à 36). — A g. de la Colonne, la route, taillée dans le flanc d'une colline et bordée d'un ravin boisé au fond duquel coule l'*Oued Khemis*, descend jusqu'à Birmandreïs en longeant le bois de Boulogne.

De la Colonne, on peut aussi se rendre à pied à Birmandreïs en traversant le bois de Boulogne et en prenant le chemin à dr. indiqué ci-dessus 1°, C.

9 k. **Birmandreïs** (corruption de *Bir Mourad Reïs*, le puits de Mourad le capitaine, célèbre renégat flamand; hôt. *des Platanes*), village de 400 hab. européens, est situé dans le fond d'un joli vallon; beaux platanes.

Environs. — Nombreuses promenades indiquées par les poteaux du C. A. F. — 1º (4 k. N.-E.) le *Ruisseau* (p. 41), par le Ravin de la Femme-Sauvage, sobriquet donné par antiphrase à une jeune débitante d'absinthe qui tenait un établissement à cet endroit vers 1844. Du Ruisseau, on peut gagner en quelques min. le jardin d'Essai (p. 41, 2º), ou bien rentrer directement à Alger par le tram électrique; — 2º (15 min. N.-O.) marabout de Sidi Yahia (recommandé). Après avoir traversé le village, prendre à dr. un sentier montueux qui conduit à la koubba, au milieu d'oliviers centenaires (belle vue). D'autres sentiers, tous fort jolis, conduisent également à Sidi Yahia ou en ramènent; — 3º (4 k. O. env.) joli ravin de l'Oued Kerma, Tixeraïn et Kadous. On y peut aller par une route à dr. à la sortie du village; mais il sera préférable, si l'on est à pied, d'utiliser l'un des sentiers qui se détachent à g. de cette route et qui conduisent à l'Oued Kerma (plus court et plus pittoresque). *Tixeraïn* est un hameau indigène sur la rive g. de l'oued (figuiers, kouba et bois de pins). A 1,500 m. en amont sur la même rive (demander au propriétaire du Sanatorium l'autorisation de passer), *café maure de Kadous*, dans un joli site, au bord d'une route par laquelle on pourra regagner la Colonne (à 3 k. 6 du café).

De Birmandreïs à Birkadem, la route monte et descend, laissant à dr. et à g. des cultures ou des jardins entourés de haies touffues, au milieu desquels on aperçoit, disséminées çà et là, de blanches maisons mauresques et des fermes.

11 k. **Birkadem** (le puits de la négresse; aub.), village de 800 hab. européens. Sur la place, en face de l'église, jolie *fontaine* mauresque, construite par le dey Hassane Pacha en 1797 (1212 hég.).

A 2 k. N.-O., Tixeraïn (*V.* ci-dessus). On traverse le village, et on prend la route à dr.; on descend ensuite à g. par un sentier.

A 4 k. N.-O., Kadous (*V.* ci-dessus), par une route qui recoupe le vallon de Tixeraïn, à travers des fermes arabes et des orangeries.

4º El Biar et Ben Aknoun.

A. — Par les tournants Rovigo.

Tram électr. : 5 k. 5 et 7 k. 6 O. toutes les 30 min. de la pl. du Gouvernement pour El Biar et toutes les h. env. pour le Château-Neuf (T. M. S.); trajet en 30 min. env. jusqu'à El Biar, en 40 min. jusqu'au Château-Neuf, où l'on trouve la correspondance pour Ben Aknoun. — L'itinéraire du tram en ville étant très tortueux, certains touristes préféreront, surtout à la descente, faire à pied cette partie du trajet, en coupant droit par le boulevard Gambetta ou par le quartier de la Kasba.

Le tram passe par la rue de la Lyre, les tournants Rovigo, le boulevard de la Victoire, la prison civile, la caserne de la Kasba, et sort d'Alger par la porte du Sahel (p. 30). Vue magnifique à g. sur la baie d'Alger et son pourtour. Rampes accentuées.

A 200 m. de la porte du Sahel, à dr. chemin de *Fontaine-Fraîche* et de (1 k.) *Birtraria*. Le sentier, bien ombragé, ménage de jolies perspectives sur le Frais-Vallon et les contreforts de Bouzaréa. On peut rejoindre à g. la route d'El Biar, ou descendre à dr. sur le Frais-Vallon (*V.* ci-après, 5º; promenade de 1 h. env. de part et d'autre).

A 500 m., à g., chemin de traverse passant sous le Fort-l'Empereur et rejoignant la route avant la villa des Oliviers.

3 k. Fort-l'Empereur, en contre-haut sur la g., bâti en 1545 par Hassane, fils de Kheïr Ed Dine, au sommet du *Koudiat Es Saboune* (la colline du Savon). — Près de l'entrée, *obélisque* en ciment de 50 m. de haut., édifié en 1912 *aux morts de l'armée d'Afrique*.

Historique. — Il fut élevé, après 1541, sur la position même où l'empereur Charles-Quint planta sa tente lorsqu'il vint investir Alger; de là son nom. Il était appelé aussi Bordj El Taous (le fort des Paons), parce qu'on y élevait quelques-uns de ces animaux. Les fortifications en furent refaites en 1580 et en 1673. Le 4 juillet 1830, les Turcs, après l'avoir défendu avec énergie, le firent sauter, mais la plus grande partie des énormes murs résistèrent. Le général en chef des troupes françaises était à peine établi sur les ruines qu'un envoyé de Hussein vint lui offrir la capitulation d'Alger.

Vue à dr. sur Bab El Oued, la mer et Bouzaréa, puis à g.

4 k. *Villa des Oliviers*. La route cesse de monter sensiblement.

A dr., chemin conduisant au Frais-Vallon (*V.* ci-après, 5°).

A g., chemin Laperlier descendant au chemin des Aqueducs (p. 35; sur ce chemin, hôt.-restaur. *Galian*). — A g. également, sentier escarpé qui, après avoir recoupé (20 min.) le chemin des Aqueducs vers l'hôtel Continental, dévale jusqu'au plateau Saulière par le chemin de la Solidarité (p. 32 et 36); c'est la voie la plus rapide pour rentrer à pied à Alger.

5 k. El Biar (nom qui signifie *les puits*), coquet village de 1,800 hab. européens; maisons et villas dans de charmantes situations.

A dr. : à l'entrée du village, sentier sur le Frais-Vallon (p. 44, 5°); — dans le village, après la gendarmerie, route de Bouzaréa (p. 47, 7°, *B*). Sur la place de l'Eglise, route (à dr.) pour Ben Aknoun (*V.* ci-après, *B*).

On passe devant la *villa des Portes*, où était le quartier général du général de Bourmont et où fut signée la capitulation d'Alger, le 5 juillet 1830 (inscription). A g., *couvent du Bon-Pasteur*.

6 k. 2. *Le Château-Neuf*, restaurant *Mallard* très fréquenté des Algériens, au carrefour des routes de Bouzaréa (p. 46), et de Chéraga, d'une part, et de Douéra, de l'autre. Si l'on n'y trouve pas la correspondance de Ben Aknoun (tram électr. peu fréquent, ou omnibus), on peut s'y rendre à pied en 15 min., en prenant à g. par la route de Douéra.

6 k. 4. Briqueterie du Sahel. — **6 k. 5.** Le *Retour de la chasse*.

7 k. 6. Ben Aknoun (altération de Ben Sahnoun), petit lycée, succursale du lycée d'Alger pour les jeunes classes, entouré de frais ombrages.

B. — Par la Colonne Voirol et le village d'El Biar.

Tram électr. (T. A.) : 10 k. 5 (jusqu'à El Biar) de la place du Gouvernement à (7 k.) la Colonne Voirol. De là, serv. de voit. (peu fréquent) pour El Biar, ou mieux à pied (3 k. 5, 45 min.). — Itinéraire recommandé.

7 k. d'Alger à la Colonne Voirol (p. 32 à 36). — On prend la route à dr., qui domine les coteaux et qui offre de beaux points de vue.

8 k. A dr., sentier en pente raide passant près de la propriété Ali Chérif et conduisant en 20 min. au chemin des Aqueducs près du musée des Antiquités (p. 33). — A g., chemin conduisant au café d'Hydra (*V.* ci-dessous).

10 k. A dr., chemin se raccordant au chemin Laperlier (p. 35).

10 k. 5. *Eglise d'El Biar.* — Si l'on continue tout droit pendant 100 m., on rejoint l'itinéraire *A* et la ligne du tram. Mais il est préférable de prendre à g. la route charmante et ombragée qui conduit en 25 min. à (12 k. 5) Ben Aknoun.

Des chemins très nombreux, tous fort jolis et ombragés, conduisent de la Colonne Voirol à Ben Aknoun sans passer par El Biar. On les rencontre à sa dr. sur la route de la Colonne à Douéra entre celle de Birmandreïs et celle d'El Biar. Nous décrirons seulement celui qui passe par le café d'Hydra, connu sous le nom du *chemin de Macleay* : — 7 k. 2 d'Alger jusqu'au 1er carrefour après la Colonne. On laisse à g. la route de Douéra et l'on remonte la vallée de l'oued. — 9 k. *Café maure* et château *d'Hydra*, dans un site charmant, d'où l'on peut gagner l'itinéraire *B* précédent, — 10 k. 5. On rejoint le chemin de l'église d'El Biar à Ben Aknoun (*V.* ci-dessus, *A*). — 11 k. 5. *Ben Aknoun.*

5° Le Frais-Vallon.

5 k. O. — En voit. 1 h. à 1 h. 30, à pied 2 h. Un des plus charmants buts de promenade des environs d'Alger. Le mieux, si l'on est à pied, sera de prendre le tram électr. jusqu'à El Biar (p. 42, 4°), puis de descendre au Frais-Vallon par l'un des chemins ou sentiers signalés d" et ci-dessous, et de gagner Bab El Oued et le tram de l'Hôpital du Dey par l'une ou par l'autre des deux routes indiquées plus bas. En voit., on fera indifféremment la promenade par Bab El Oued ou par El Biar, mais en ayant soin, dans le premier cas, de prendre la route de la rive g. de l'oued, qui se raccorde seule à la route d'El Biar à Bouzaréa, celle de la rive dr. se terminant en cul-de-sac sans issue carrossable. — Serv. de voit. (peu fréquent) de la place du Gouvernement au café du Frais-Vallon par la route de la rive dr.

Le Frais-Vallon est desservi par deux routes qui ont leur origine au faubourg Bab El Oued et qui suivent, l'une la rive dr., l'autre la rive g. de l'*Oued Mkacel* ou *Oued Atoun*.

La route de la rive dr. porte à sa naissance (à g. de l'avenue de Bouzaréa) le nom d'*avenue du Frais-Vallon*. — 1 k. 8. *Climat-de-France* (villas). A dr., route se raccordant, par la minoterie Saint-Louis, à (500 m. env.) la route de la rive g. (*V.* ci-dessous); à g., sentier montant au cimetière d'El Kettar et à la porte du Sahel (p. 30). — La route décrit un grand lacet (raccourci) au pied de la *Poudrière*. A g., chemin montant à la route d'El Biar, à hauteur de la villa des Oliviers (p. 43). — Parcours en corniche au flanc dr. du ravin jusqu'à un petit *café-restaurant*, où la route cesse.

La route de la rive g. se confond avec la route de Bab El Oued à Bouzaréa (p. 47) jusqu'à (3 k. env.) un pont qu'elle franchit, en laissant cette route à dr. — Au delà du pont, à g., route signalée ci-dessus sur Climat-de-France. — On remonte la rive g. de l'oued et on recoupe en contre-haut (pont) la route de la rive dr. vers (4 k.) le café-restaurant.

De là, on prenant un sentier à dr., on parvient (quelques min.) à un petit groupe de maisons, parmi lesquelles celle d'un médecin indigène, puis

(20 min. env.) au marabout de **Sidi Medjebar** pittoresquement situé, vénéré des femmes divorcées, qui le prient pour trouver un mari; de la koubba au milieu des pins, belle vue. — En suivant la crête et en passant près du cimetière de l'Hospice des Vieillards, on arriverait en 1 h. env. à Bouzaréa (p. 46).

La route de la rive g. se continue en amont du café-restaurant jusqu'au (5 k. 5 env.) grand coude que prononce à l'E. la route d'El Biar à Bouzaréa indiquée ci-après, 7°, *B* (raccourci de ce point à

Basilique de Notre-Dame d'Afrique.

Photo Neurdein.

l'entrée du village d'El Biar signalé ci-dessus, 4°, *A*). — 7 k. *El Biar*.

6° Notre-Dame d'Afrique et vallée des Consuls.

3 k. N.-O. — Tram électr. jusqu'à l'Hôpital du Dey, puis omnibus correspondant (en 20 min. de l'Hôpital; à pied, de la station du tram, prendre à g. le boulevard de Champagne, puis, peu après, à dr., la route de Notre-Dame d'Afrique).

La route, sortant d'Alger par le faubourg Bab El Oued, passe derrière l'hôpital du Dey (p. 30) et fait de nombreux lacets pour arriver à la **basilique de Notre-Dame d'Afrique** (124 m. d'alt.), qui domine la vallée des Consuls, les cimetières, Saint-Eugène et la mer.

C'est à deux pieuses demoiselles, Agarithe Berger et Anna Cinquin, qu'est dû le pèlerinage de Notre-Dame d'Afrique, qui se fit d'abord dans un ravin voisin, au pied d'un vieil olivier dans le tronc duquel était placée une statue de la Vierge. Mgr Pavy, évêque d'Alger, fit élever en 1857 une chapelle provisoire, puis commencer l'édifice actuel, consacré en 1872 par Mgr Lavigerie.

Sur l'autel, on verra comme ex-voto, aux pieds d'une Vierge noire, les épées du maréchal Pélissier, et du général Yousouf, une médaille du maréchal Bugeaud et la canne du général de Lamoricière. Devant l'autel repose Mgr Pavy. Un voile de soie recouvre une statue de Saint Michel en argent donnée par la corporation des pêcheurs napolitains d'Alger.

Un poteau du C. A. F. indique la direction de la vallée des Consuls, promenade horizontale, fraîche et ombragée, qui contourne les ravins du massif de Bouzaréa et par laquelle on peut revenir à (30 min.) Saint-Eugène et à Alger (recommandé). Après avoir dépassé des guinguettes et des restaurants, on laisse à g. un *couvent de Carmélites*, construit en 1892 par la princesse Jeanne Bibesco, puis on rencontre la *maison de santé du Dr Rouby* (collection de curiosités), et le *fortin Duperré* (vue sur la pointe Pescade), d'où l'on redescend à Saint-Eugène, où l'on trouve le tram. Des poteaux indicateurs signalent à dr. divers raccourcis.

7° Bouzaréa.

L'excursion de Bouzaréa, point culminant du massif d'Alger (407 m.), est très recommandée. On y jouit d'une vue d'ensemble des plus remarquables sur la mer, le Sahel, la Mitidja, etc. Elle demande un après-midi entier. On ne doit pas manquer de la faire, même lorsqu'on ne dispose que de peu de temps. C'est une des excursions pour lesquelles une voiture particulière est assez indiquée (à la demi-journée ou à l'heure); si l'on emploie ce mode de transport, on montera par l'une des deux routes d'El Biar et on redescendra par Bab El Oued. On peut aussi prendre le tram électr. pour le Château-Neuf, puis la correspondance, et descendre à pied sur Bab El Oued par les sentiers.

A. — Par le Château-Neuf.

10 k. O. — Serv. de voit. d'Alger (place de la Pêcherie; heures variables); également correspondance au Château-Neuf (5 ou 6 dép. par j.) avec le tram électr. d'El Biar (T. M. S.; s'informer pour les heures au bureau de la pl. du Gouvernement); on préférera ce dernier procédé.

6 h. 2 de la place du Gouvernement au Château-Neuf, où l'on laisse à g. la route de Douéra (p. 43). — 7 k. On laisse à g. la route de Chéraga et de Koléa. — 9 k. A dr., *école normale* d'instituteurs français et indigènes, installée dans une magnifique propriété couverte de cultures.

10 k. **Bouzaréa** (hôt. : *Céleste-hôtel*, dans une ancienne maison mauresque, belle situation; *de France*), petit village européen. C'est le véritable belvédère des environs d'Alger. Malheureusement, le point culminant du massif est maintenant occupé par un *fort* dont on ne peut approcher. Pour jouir de la vue, on se rendra d'abord, en prenant à dr. sur la place du village, au (1. k. E.) *cimetière européen* (vue sur Alger et sa baie); puis, revenant à la place du village

et prenant à g., on gagnera (1 k. O.) le *village indigène* (vue sur le Sahel), avec ses koubbas ombragées de palmiers nains et sa petite mosquée de *Sidi Noumane*.

De Bouzaréa, on peut revenir à pied à Bab El Oued (3 à 5 k. jusqu'au tram) par de nombreux et jolis sentiers en pente raide, indiqués par des poteaux du c.a.f. Au village, on pourra se faire indiquer leur point de départ; une fois engagé dans le sentier, on ne peut s'égarer : il n'y a plus qu'à descendre pour arriver à Bab El Oued et au tram.

A 1,800 m. E. du village, au delà du cimetière, *Observatoire astronomique*.

Sur la route conduisant à l'Observatoire, à dr. près du cimetière, un sentier escarpé descend en 25 min. à la route des Carrières et à Bab El Oued (*V.* ci-dessous, *C*); c'est le plus court et l'un des plus recommandables.

Sur la route des Carrières, proche le village, un second sentier descend aussi à Bab El Oued, en traversant plusieurs fois cette route. D'autres sentiers s'embranchant sur celui-ci conduisent au Frais-Vallon et à El Biar (p. 43).

Au delà de l'Observoire, un chemin descend, par la *batterie de Sidi Ben Nour* et le *cimetière mozabite*, d'une part à la route des Carrières, d'autre part à l'hôpital du Dey.

Enfin, on peut descendre encore, soit dans la direction des Deux-Moulins et de la pointe Pescade (p. 31) par des ravins du versant N., soit sur la vallée des Consuls et Notre-Dame d'Afrique (p. 45) par le *Sémaphore*; ces sentiers s'embranchent à g. sur la route de l'Observatoire (poteaux indicateurs)

B. — Par El Biar.

9 k. — Cette route, qui n'est pas celle que suivent les voit. publiques, sera souvent préférée par les touristes disposant d'une voit. particulière.

5 k. d'Alger à *El Biar*, p. 42-43. On prend à dr., dans le village même d'El Biar, près de la gendarmerie, une route un peu plus courte que la route *A*, qui offre de belles vues sur la mer et le Frais-Vallon (qu'on peut gagner ainsi qu'il est indiqué ci-dessus, 5°). — 9 k. *Bouzaréa.*

C. — Par Bab El Oued et la route des Carrières.

8 k. — Route à très fortes pentes, qu'on évitera d'emprunter à la montée si l'on est en voiture; bon itinéraire pour piétons.

On traverse le faubourg Bab El Oued par *l'avenue de Bouzaréa*, qui se continue par la *route* dite *des Carrières*. — 2 k. 7. A dr., chemin sur les carrières, par lequel, en prenant de nouveau à dr., on peut monter à Sidi Ben Nour (*V.* ci-dessus, *A*). — 3 k. A g., route du Frais-Vallon signalée ci-dessus, 5°.

3 k. 5. *Beau-Fraisier.* — 4 k. 1 et 4 k. 5. A dr., sentiers montant à Bouzaréa.

2 k. *Hospice des Vieillards*, tenu par les Petites Sœurs des Pauvres (on peut visiter). Des vieillards, hommes et femmes, y sont soignés et nourris par les Sœurs, qui reçoivent avec reconnaissance les moindres dons en argent ou en nature.

La route gravit des pentes très raides. — 7 k. A g., sentier sur le Frais-Vallon (50 min.; poteau du c.a.f.). — 8 k. *Bouzaréa.*

8° Pointe Pescade et forêt de Baïnem.

11 k. N.-O. — Tram électr. (C. F. R. A.) de la pl. du Gouvernement aux Deux-Moulins, toutes les 8 ou 9 min. — Chemin de fer sur route, de la pl. du Gouvernement ou de la r. Waïsse; 6 dép. par j., dép. supplém. les dim.; trajet en 35 min. jusqu'à la Pointe, en 50 min. jusqu'à Baïnem (pour s'arrêter à cette halte, aviser le chef de train).

7 k. 5 d'Alger à la *pointe Pescade*, p. 30 et 31.

A g., des sentiers (poteaux du c.a.f.) montent en forte pente à Bouzaréa (p. 46) par les ravins du massif, notamment par celui, fort pittoresque, d'*El Affroun*.

8 k. *Miramar* : villas et guinguettes. — 8 k. 5. *Bains romains* (rest.) et, 200 m. plus loin, *fontaine romaine*.
9 k. **Forêt de Baïnem** (halte facultative). A g. (poteau indic.), une route forestière carrossable conduit en 20 min. (1 k. 5) à la *maison forestière* de Baïnem. La forêt (500 hect.) n'a pas de beaux arbres, mais au printemps elle se couvre de fleurs, bruyères, cistes, lavande, cyclamen, etc. La vue sur la mer y est fort belle.

De la forêt de Baïnem, on peut revenir à l'E. à (9 k.) Bouzaréa (p. 46) par une route à peu près carrossable, mais assez mal entretenue, qui longe le flanc S. du massif. Elle aboutit au village indigène.

9° Fort-de-l'Eau, le cap Matifou et Aïn Taya.

32 k. E. — Tram électr., jusqu'à Maison-Carrée : 12 k. en 55 min., départ de la pl. du Gouvernement (C. F. R. A.; voyant rouge). toutes les 20 min.; au delà, ch. de fer sur route. en 2 h. 10 env.; 3 trains par j.; dép. supplém. le dim. Si l'on va directement à Fort-de-l'Eau ou à Aïn Taya, on prendra le train à la station de la r. Waïsse, point de départ des convois qui dépassent Maison-Carrée; on le fera également si l'on a des bagages, ceux-ci n'étant reçus et livrés qu'à cette station. — Jusqu'à Maison-Carrée, également ch. de fer du P.-L.-M. et de l'Etat; 12 trains par j. en 20 min. env.

Route bonne; les cyclistes feront bien de recourir au tram (r. Waïsse) ou au ch. de fer jusqu'à Maison-Carrée.

5 k. 5 d'Alger au *jardin d'Essai*, p. 38. — On suit le contour de la baie; jolies vues sur Alger.
7 k. 5. **Hussein Dey** (hôt. *de la Gare*), petite ville qui doit son nom au dernier pacha d'Alger, dont l'ancienne maison de plaisance est maintenant entrepôt des tabacs.

C'est à Hussein Dey, sur la plage sablonneuse de la rive g. de l'Harrach, que débarquèrent les expéditions malheureuses de Charles-Quint (1541) et de O'Reilly (1775) contre Alger.

Hussein Dey se prolonge par *Nouvel-Ambert*, ensemble de villas qui s'étagent à dr. sur les pentes du coteau de Kouba (p. 44). A dr., annexe de l'hôpital civil d'Alger, puis caserne du génie. Sur la g., dunes de sable entre la route et la mer; *hippodrome, aérodrome* et *terrain d'aviation, polygone d'artillerie* qui s'étend jusqu'au delà de l'Harrach. — 11 k. A g., glacière et usine électrique.

12 k. **Maison-Carrée** (hôt. : *du Roulage, de l'Harrach*, bons ; etc.), ville de 11,300 hab., dont 6,000 Européens, sur la rive dr. de l'Harrach que la route franchit sur un pont de 12 m. de large, en ciment armé ; ce pont en remplace un plus ancien bâti par Hadj Ahmed Bey en 1697 et restauré par Ibrahim Ben Ramdane en 1736. Le tram emprunte un pont métallique en aval. — En deçà de l'Harrach, sur la rive g., stat. du ch. de fer, où bifurquent les lignes d'Oran et de Constantine, jusque-là communes.

La *Maison-Carrée* qui donne son nom à la localité est un fort turc, *bordj El Kantara* ou *bordj El Agha* (le fort du Pont ou de l'Agha), construit en 1746 sur un mamelon. Après 1830, la Maison-Carrée fut appropriée pour défendre le passage de l'Harrach et surveiller la partie E. de la Mitidja ; elle fut pendant 15 ans l'objet d'attaques et de défenses héroïques. C'est auj. un dépôt de tirailleurs, après avoir été une prison centrale jusqu'en 1913.

A l'arrivée sur la place de la Mairie, la route bifurque : à dr., *route d'Aumale*, à g., *route de Constantine* que l'on suit. Elle passe devant la mairie, puis monte en faisant un lacet, passe au pied de l'école primaire supérieure de garçons, de l'église, d'où l'on a une belle vue sur la Mitidja et l'Atlas blidéen, et s'élève enfin, dans le bosquet d'eucalyptus qui entoure l'*ancien fort turc* (50 m.).

A 1,500 m. N., au milieu d'un grand vignoble au cru renommé, créé par le cardinal Lavigerie, monastère Saint-Joseph, maison-mère des *Missions africaines*, dont les membres portent le costume arabe, ce qui les a fait surnommer les *Pères Blancs*.

13 k. *Groupe pénitencier* (pénitencier indigène et dépôt de forçats) de style mauresque moderne et *école d'agriculture*. — 16 k. *Retour-de-la-Chasse*. On quitte la route nationale et on prend à g. vers le N. jusqu'à la mer.

19 k. **Fort-de-l'Eau** (hôt. : *Grand-Hôtel*, 100 ch., eau courante, service d'auto depuis Alger ; *du Casino ; de la Plage*), village de 2,382 hab. européens, station balnéaire très fréquentée l'été ; nombreuses villas, desservies par un large boulevard ; casino ; hôtels et restaurants ; jardin public. A 50 m. en avant du restaurant de l'hôtel de la Plage, tronçon de colonne en marbre dont l'écusson porte gravée en creux l'inscription : Légion Etrangère 1833. Sur un rocher dominant la mer, ancien ouvrage turc *bordj El Kifane* (le fort des Coteaux), construit en 1581, actuellement occupé par des douaniers. A proximité, pylônes de la T. s. F.

25 k. Pont sur le Hamiz. — 27 k. *Cap Matifou*, village de 1,200 hab.

A 1,500 m. à g., sur le bord de la mer, sont les ruines de *Rusguniæ*, ancienne ville phénicienne qui devint sous Auguste une colonie romaine. La plupart des monuments antiques ont été exploités pour en extraire des matériaux qui ont servi à édifier l'Alger turc.

On s'élève par une large courbe ; beau panorama de la baie, d'Alger et du massif de Bouzaréa.

28 k. 5. *Quatre-Chemins*, station qui dessert deux villages de pêcheurs : *Lapérouse*, à g., et *Jean-Bart*, à dr.

Au N.-O. se trouve le point culminant de la presqu'île, à 72 m.

Non loin de Lapérouse, au revers O. du promontoire, vaste *lazaret*, pourvu d'un appontement, et ancien fort turc, le *bordj Tementfous*, du XVIIe s.

A l'autre extrémité du promontoire, ouvrage moderne dit le *fort d'Estrées*, et *phare* ou *sémaphore*.

C'est du mouillage de Matifou qu'en 1541 Charles-Quint se rembarqua après son expédition désastreuse contre Alger.

32 k. Aïn Taya (hôt. *de la Poste et du Figuier*, t.c.f., jardin, gar.), station estivale et charmant village de 800 hab., dont la création remonte à 1855; il est admirablement ombragé et bâti sur une côte escarpée; plage de sable magnifique très fréquentée l'été. La mer y est fort belle et les environs offrent d'agréables promenades.

A 2 k. E., *Surcouf* (hôt. : *Richelieu*; *des Falaises*), station estivale le long d'une jolie plage.

Grandes Excursions.

Leur nombre est considérable, pour lesquelles on pourra combiner avantageusement le ch. de fer et les divers services de transports; quelques-unes d'entre elles font l'objet, pendant la saison, de services organisés soit par le syndicat d'initiative, soit par les agences ou certains loueurs d'autos. Nous indiquerons seulement les principales, parmi lesquelles quelques-unes figurent dans les itinéraires des *Auto-Circuits Nord-Africains* de la Cie générale Transatlantique (se renseigner à l'agence, bd Carnot, 6).

10° Blida et les gorges de la Chiffa (ch. de fer, réseau P.-L.-M. algérien, 51 k., en 1 h. 20 par express, en 1 h. 40 par d'autres trains. — Route, 48 k., services d'autobus quotidiens; par la rue Michelet et la route nationale n° 1, accidentée). — 12 k. d'Alger à *Maison-Carrée*, p. 48. — La voie entre dans la Mitidja. — 15 k. *Gué-de-Constantine*.

27 k. Boufarik (hôt. *de l'Atlas*, à la gare), petite ville qui peut être considérée comme le type des colonies agricoles de la Mitidja. Marché du lundi, l'un des plus importants d'Algérie. Sur la place, *statue du sergent Blandan*, le héros de Beni-Mered (*V.* ci-dessous). Au centre du jardin public N., *monument aux morts*, par Cerlini et Battoli (1922).

On se rapproche peu à peu du pied de l'Atlas (à g.). — 45 k. *Beni Mered*, beau village; sur la place, *fontaine* surmontée d'un *obélisque*, monument élevé au sergent Blandan et à ses héroïques compagnons d'armes (on l'aperçoit du ch. de fer, à dr.).

51. k. **BLIDA** (hôt. : *d'Orient*, Pl. *a*, 40 ch. dep. 8 fr., rep. dep. 10 fr., pl. d'Armes: *Géronde et de la Paix*, Pl. *b*, 40 ch. dep. 4 fr., rep. dep. 6 fr., bd Trumelet; *du Louvre*, 15 ch. dep. 5 fr.; *de la Mitidja*; voit. de place; syndicat d'initiative), ville de 36.486 hab., dont 10.513 européens, est situé à 260 m. d'alt., au pied de l'Atlas, sur l'oued El Kebir aux eaux abondantes. Grâce à sa position au milieu de la verdure de ses orangeries, Blida est l'une des localités les plus jolies et les plus coquettes de l'Algérie et justifie ainsi le nom de « ourida » (la petite rose), qui lui a été donné. — La gare est à 1 k. env. de la ville (omn.).

Histoire. — La fondation de Blida remonte au xvie s. Des émigrants d'Espagne ayant importé dans la région la culture de l'oranger et la broderie sur cuir, Kheir Ed Dine fit édifier, en 1535, une mosquée, des bains et un four banal entre la place d'Armes et le marché actuels. En mars 1825, un tremblement de terre détruisit la ville. Les Blidéens, après avoir songé à fonder une nouvelle ville à 2 k. N., rebâtirent leur cité sur le même emplacement. Après avoir été occupée puis évacuée plusieurs fois par nos troupes en 1839, la ville fut définitivement occupée. Elle a subi, le 2 mars 1867, un nouveau tremblement de terre.

La place d'Armes, centre de la ville, est ombragée sur les côtés de grands platanes, et entourée de maisons à arcades. L'angle S.-E. touche à la *place*

Lavigerie, également garnie de beaux arbres, sur laquelle s'élève *l'église Saint-Charles*.

De l'ancien Blida il ne reste, dans le centre, que deux mosquées : *Djama Sidi Mohammed Ben Sadoun*, rue des Koulouglis, et *Djama Et Terk*, rue

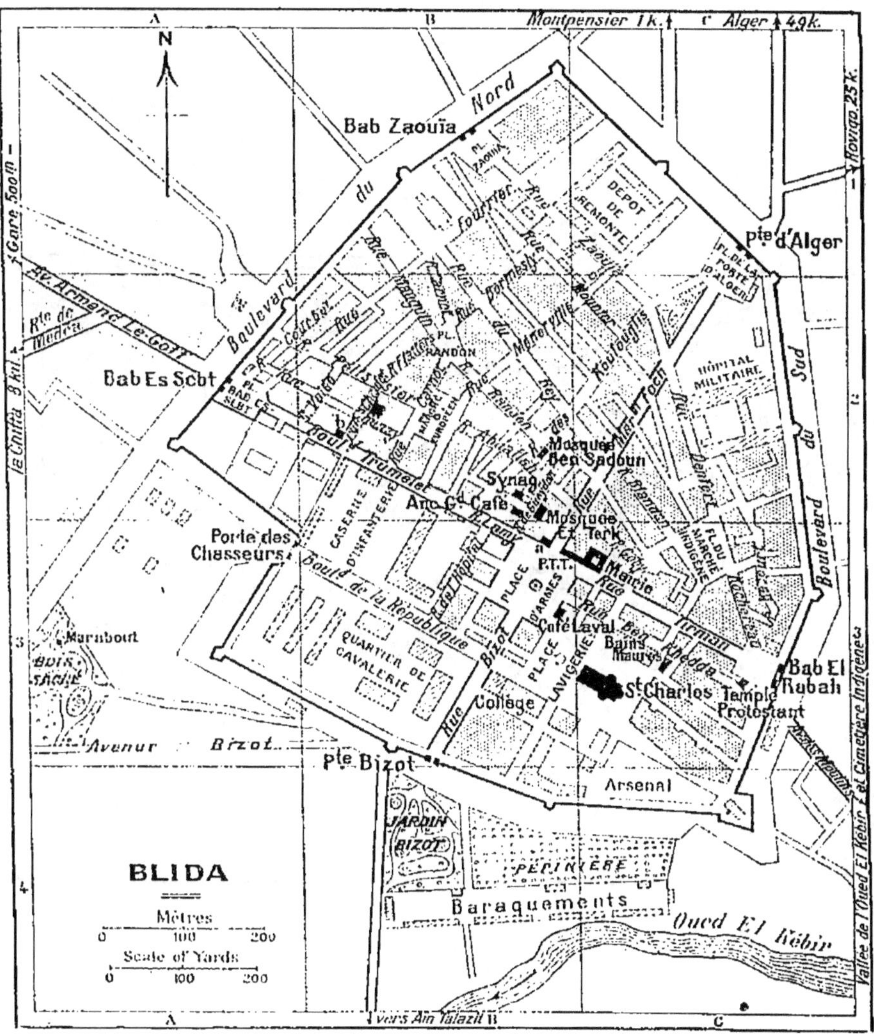

de Gueydon, où, du temps des Turcs, le hakem ou gouverneur rendait la justice. En face de cette dernière une petite maison arabe percée de trois arcades est *l'ancien Grand-Café* (très exigu), actuellement occupé par des pileurs de café. A l'E. et aux abords de la *place du Marché indigène* sont les artisans indigènes (cuirs brodés, bois sculptés, etc.). Les maisons mauresques à rez-de-chaussée sont au delà. *École indigène de tapis* à points noués.

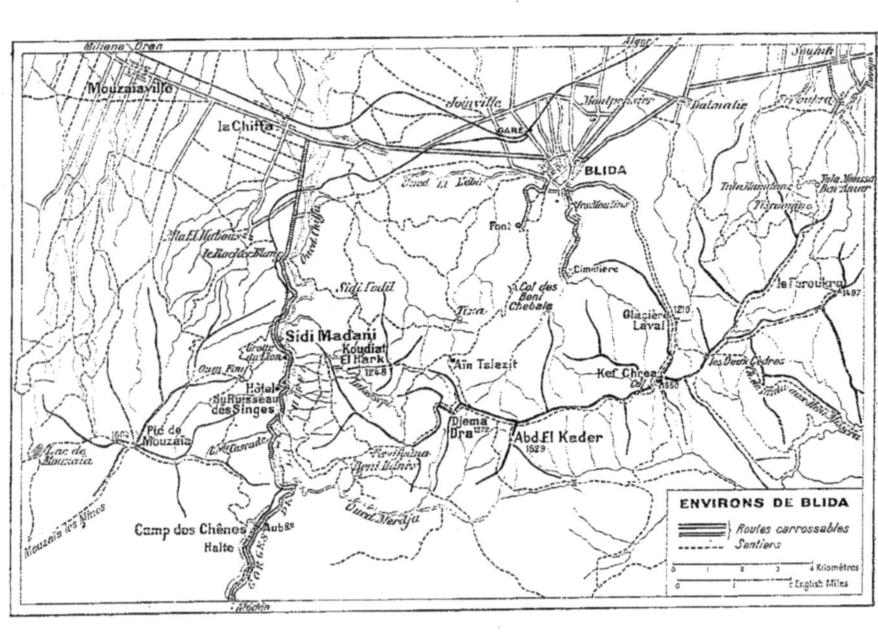

Miliana-Oran
Alger
Soumin
Mouzaïaville
Joinville
Montpensier
Dalmatie
la Chiffa
GARE
BLIDA
Oued El Kebir
Ifri Moussa Ben Amar
Tala Hamdane
Tizraonine
Font
les Moulins
Ifla El Hellou
le Rocher Blanc
Oued Chiffa
Cimetière
le Feroukra
1497
Sidi Fadil
Col des Beni Chebale
Tixa
Glacière Laval
1210
Sidi Madani
Grotte du Lion
Koudiat El Hark
1248
Aïn Talazit
les Deux Cèdres
Ouzu Fini
Hôtel du Ruisseau des Singes
Kef Chrea
Col
1550
1003
Pic de Mouzaïa
la Cascade
Djema Dra
1272
Abd El Kader
1529
Lac de Mouzaïa
Beni Bdni
Mouzaïa les Mines
Ouzd Merdja
Camp des Chênes
Aubge
Halte
Medra
ENVIRONS DE BLIDA
Routes carrossables
Sentiers
0 1 2 3 4 Kilomètres
0 1 2 English Miles

Blida possède un joli jardin public, le **jardin Bizot**, où l'on se rendra par la rue et la porte du même nom (au S.-O.). A quelques min. plus loin, les 2 chemins qui se succèdent à g. (le premier ombragé de platanes) conduisent au bois sacré planté d'oliviers séculaires, à l'ombre desquels s'élève la koubba de Sidi Yakoub Ech Chérif, saint personnage du xvi° s.

Au N. de la ville s'étendent les principales *orangeries* qui comptent, par dizaine de mille, orangers, citronniers et mandariniers ; on s'y promènera avec intérêt et agrément.

De Blida les environs sont ravissants. — A 3 k. S.-E., en remontant l'oued El Kébir, profondément encaissé, on arrive (prendre, au k. 3 env., un des sentiers à g. après une papeterie et traverser un petit village indigène) au *cimetière* où sont enterrés le saint patron de Blida, Ahmed El Kébir, et ses deux fils ; ces édicules, ombragés par des oliviers et des caroubiers, offrent un très pittoresque tableau.

Gorges de la Chiffa. — A. Par le chemin de fer (ch. de fer de Blida à Sidi Madani, 11 k., ou à Camp-des-Chênes, 19 k. ; il sera préférable d'aller jusqu'à Camp-des-Chênes d'où l'on descendra à pied sur le ruisseau des Singes et Sidi Madani pour y reprendre le train). — La ligne, après avoir franchi la Chiffa, en remonte la rive g. et s'engage dans les gorges : trajet pittoresque, nombreux ponts et tunnels. — 11 k. *Sidi Madani*, station d'où il faut

Photo du Gouv. Gʹ de l'Algérie.

Les gorges de Chiffa.

remonter les gorges sur 3 k. env. pour atteindre le ruisseau des Singes. — 19 k. *Camp-des-Chênes*, station située en amont des gorges et d'où il faut descendre celles-ci sur 6 k. 5 pour arriver au ruisseau des Singes : c'est la partie la plus intéressante.

B. Par la route (14 k. 5 jusqu'au ruisseau des Singes ; jolie promenade d'une demi-journée en voiture ; les voituriers ont l'habitude de remonter les gorges en amont du ruisseau des Singes jusqu'à la *Grande-Cascade* sur la route de Camp-des-Chênes). — La route, très belle, se déroule à l'O. à travers les cultures, les orangeries et les vignobles en se rapprochant à g. de la chaîne de l'Atlas au front de laquelle on ne tarde pas à voir s'ouvrir la grande échancrure des gorges de la Chiffa. Après avoir franchi l'oued El Kébir, puis la Chiffa, on tourne à g. par une route qui remonte au S. la rive g. de la rivière et ne tarde pas à s'élever en corniche dans les * *gorges de la Chiffa* ; du premier tournant, très belle vue sur la plaine. — 12 k. On laisse à dr. la station de *Sidi Madani*, puis à g. en contre-bas de la route la petite *grotte du Lion* (un guide fait visiter ; légère rétribution).

14 k. 5. *Hôtel du Ruisseau-des-Singes*, construit au débouché d'un ravin boisé, où un torrent tombe en cascatelles. Les singes des bois environnants ont coutume de venir s'y désaltérer; à demi apprivoisés, ils descendent généralement jusqu'à l'hôtel aux heures des repas; c'est le moment où l'on a le plus de chance de les apercevoir.

De Blida, on pourrait faire quelques courses de montagnes intéressantes :

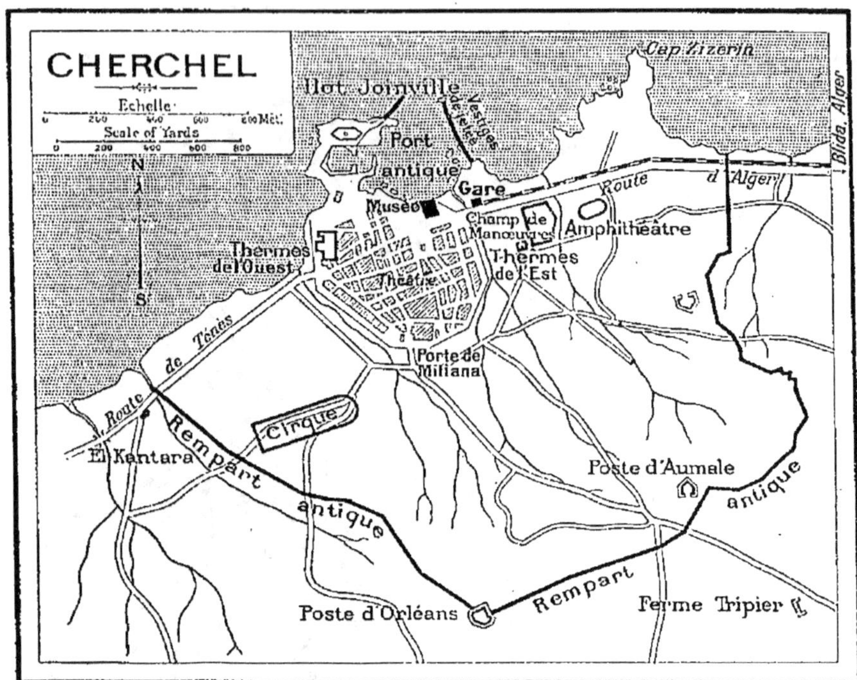

l'*Abd El Kader* (1,629 m.), en 6 à 7 h.; le *Ferouka* (1,497 m.), en 4 h.; le *Mouzaïa* (1,604 m.), en 3 h. 30 du ruisseau des Singes. Se renseigner auprès du secrétaire du Syndicat d'initiative, r. Lamartine, près de la place d'Armes.

11° Tombeau de la Chrétienne, Tipaza et Cherchel, par la route du littoral (96 k. O.; bonne route très pittoresque; serv. d'autobus; ch. de fer sur route jusqu'à Castiglione; excursion recommandée; itinéraire des *Auto-Circuits Nord-Africains*). — D'Alger à la pointe Pescade et à la forêt de Baïnem, p. 48, 8°. — 12 k. 5. *Cap Caxine.* La route est bordée de villas. — 16 k. *Guyotville*, villégiature estivale. On s'éloigne de la mer. — 23 k. *Staouéli*, riches fermes. A g. (2 k. 5) la Trappe. — 25 k. *Sidi Ferruch.* C'est dans l'une des baies qu'abrite la presqu'île, couronnée par un fort, que s'effectua le débarquement de l'armée française qui conquit Alger. — 29 k. 3. *Zéralda*; à dr., dunes boisées de pins; à g. forêt de Saint-Ferdinand. — 34 k. Pont sur le Mazafran. On continue à suivre la mer. — 46 k. *Castiglione*, station balnéaire; ombrages merveilleux; vue magnifique. — 54 k. *Bérard*, joli village d'où l'on peut atteindre le tombeau de la Chrétienne, à pied en 45 min. à 1 h. — 59 k. *Ferme du Rocher-Plat.* A dr. se détache le chemin (médiocre) qui conduit au (3 k.) tombeau de la Chrétienne.

Le *Tombeau de la Chrétienne* se dresse à 261 m. d'alt. ; il se compose d'un tambour cylindrique de 64 m. de diamètre, reposant sur une base carrée et coiffé d'un cône à gradins ; 60 colonnes engagées, d'ordre ionique, décorent les parois du tambour. Ce mausolée, qui présente à l'intérieur des couloirs et des chambres, a servi de sépulture à une famille de rois maures ; on admet, sans preuve certaine, qu'il représente un tombeau punique datant du iie s. avant J.-C. Il a fait l'objet de plusieurs légendes arabes.

La côte rocheuse est très découpée. Fermes, vignobles, bois d'eucalyptus. — 67 k. *Ferme de Mouchy*, sur l'emplacement de l'antique demeure d'un triumvir de Tipaza ; dans le parc, antiquités romaines.

70 k. Tipaza (hôt. : *du Rivage*, t.c.f., gar. ; *de Madrid*, etc.), village de 660 européens, dans une très belle situation, à l'extrémité O. des collines du Sahel, au pied du massif du Chenoua (907 m.) dont la pointe garantit son petit port des vents d'O. Ancien comptoir phénicien, *Tipasa*, devint une commune romaine au i[er] s. de notre ère ; ce fut une des villes de la Mauritanie où la religion chrétienne fut pratiquée avec le plus de ferveur. Sa patronne était Ste Salsa, jeune fille qui, suivant la tradition, aurait été mise à mort au début du ive s.

➤ La visite des *ruines antiques* est fort intéressante, en particulier : une grande basilique au sommet de la colline de l'O. ; au delà, vaste *cimetière chrétien, avec sarcophages et tombeaux creusés dans le roc ; une basilique judiciaire, remontant au i[er] ou iie s. après J.-C. ; sur la colline de l'E., la *basilique de Sainte-Salsa, élevée sur le tombeau même de la martyre. Dans le *parc Trémaux*, deux beaux sarcophages, l'un païen, l'autre chrétien.

Au delà de Tipaza, la route s'éloigne du bord de la mer pour contourner le Chenoua. A dr., magnifique baie avec grande plage de sable et petites stations balnéaires. — 74 k. 7. On franchit l'oued Nador. — 80 k. Ruines d'un *castellum* ou ferme romaine fortifiée, du i[er] ou iie s. : cuves, pressoirs à vin, pressoirs à huile. — 83 k. 7. Station du tramway. A g., restes d'*aqueduc* romain. La route rejoint la mer ; tournants brusques et fortes rampes.

Photo du Gouv. G[al].
L'Apollon de Cherchel.

96 k. Cherchel (hôt. *Nicolas*, ch. dep. 6 fr., rep. dep. 9 fr., bains), petite ville de 5,300 hab., dans une situation admirable sur la mer, au revers N. de pentes verdoyantes. C'est la colonie phénicienne de *Iol* que, plus tard, Juba II agrandit, embellit, et dont il fit sous le nom de *Cæsarea*, la capitale de la Mauritanie. L'occupation française date de mars 1840.

Cherchel est loin de comprendre l'emplacement total de Cæsarea. Le port actuel, qui correspond au port militaire antique est abrité par l'*îlot Joinville* et une petite jetée. La *place Romaine*, centre de la ville, plantée de belombras, est parsemée de débris : faîtes de colonnes, bases, corniches et chapiteaux de marbre blanc, travaillés richement et patinés par le temps. A dr. de la place, près de la mairie, le *musée* contient de nombreuses statues d'une grande valeur artistique, notamment un remarquable *Apollon*, découvert en 1910.

Au S. du port et à g., vastes ruines des *thermes de l'Ouest*, où ont été trouvées un grand nombre de statues intéressantes dont la plupart sont au musée. Le *théâtre* romain, du II° s., offre un intérêt particulier du fait que, au III° s., il fut transformé en amphithéâtre. *Thermes de l'Est*, moins vastes que ceux de l'O.; *temple d'Isis*. A 500 m., par la route nationale d'Alger, *amphithéâtre* mesurant 120 m. sur 70.

12° Téniet El Had, la forêt de cèdres (179 k. S.-O. D'Alger à Affreville, ch. de fer, 179 k. en 3 h. 20 env. D'Affreville à Téniet, route, 59 k.; serv. d'autobus en 3 h. env. Excursion très recommandée, l'une des plus intéressantes de l'Algérie).

51 k. d'Alger à *Blida*, p. 50, 10°. — On longe le N. de l'Atlas. — 69 k. *El Affroun*, bifurc. d'Oran. On quitte la Mitidja; le pays change complètement d'aspect et devient accidenté, âpre et boisé. — 91 k. *Bou Medfa*, station d'où l'on gagne (12 k., service public) les *bains d'Hammam Rirha*, à 520 m. d'alt., occupant l'emplacement des *Aquæ Calidæ* des Romains, et qui, pourvus d'excellents hôtels, sont à la fois station d'hiver et d'été. — La ligne continue à monter. A dr., massif des Zaccars. — 110 k. *Miliana-Marguerite*; embranch. sur (9 k.) *Miliana*, pittoresque petite ville avec des vergers et jardins luxuriants. — Le paysage change : montagnes schisteuses, boisées de pins et de lentisques. On descend rapidement. A dr., belles vues sur les Zaccars et Miliana. L'horizon s'élargit et l'on découvre le panorama de la vallée du Chélif, que domine au S.-O. l'imposant massif de l'Ouarsenis (1,995 m.).

120 k. *Affreville* (buffet; hôt. : *de l'Univers, du Chélif*), petite ville très animée, située sur l'emplacement du centre romain de *Malliana*.

De la station, on suit la route nationale sur 1 k. env. puis on prend à dr. — 6 k. Pont sur le Chélif, à 280 m. — 19 k. *Pont du Caïd*, à 400 m. Zone boisée, pins d'Alep. — 38 k. *Camp-des-Chênes*, à 630 m. — 41 k. On passe près d'un endroit rocheux dit *El Hadjra Touïla* (la pierre longue) ou le *Pain-de-Sucre*, et on s'élève jusqu'à 800 m. pour descendre ensuite un peu. — 45 k. *Camp-des-Scorpions* à 850 m.

59 k. (d'Affreville). **Téniet El Had** (hôt. *Moderne*), ou le *col du Dimanche*, est situé à 1,160 m. au col le plus élevé et le plus fréquenté de l'Ouarsenis; ch.-l. d'une commune mixte, Téniet a pour artère principale une longue avenue bordée d'arbres.

La forêt de cèdres de Téniet El Had, composée d'arbres de hautes futaies est la plus belle d'Algérie, les très vieux arbres y sont nombreux. On ira au moins jusqu'au (14 k.) Rond-Point des Cèdres, par l'auto de l'hôtel, voiture ou mulet.

La route, construite autrefois par le Génie, est très pittoresque. A 3 k. de Téniet, au sommet de la montée, gros cèdre isolé, dit le *Parapluie* en raison de sa forme. Belle vue sur la région agricole du Sersou et tout le versant S.

14 k. (de Téniet). *Rond-Point des Cèdres* (1,490 m.), maison forestière dominée par des arbres aux dimensions colossales. A côté, dans une clairière, joli chalet dans une admirable situation; source minérale ferrugineuse. Il faut monter le sentier conduisant en quelque min. aux plus beaux cèdres, notamment à celui dit *la Sultane*. A 3 k. du Rond-Point, le *col d'El Guitrane* offre une vue superbe.

13° La Kabylie : Fort-National, Michelet et le col de Tirourda (170 k. S.-E. d'Alger à Tizi Ouzou, ch. de fer, 107 k., ou route, 104 k., avec serv. d'autobus. De Tizi Ouzou à Fort-National, 27 k., à Michelet, 47 k., au col, 63 k.; serv. d'autobus jusqu'à Michelet; itinéraire des *Auto-Circuits Nord-Africains*). — La *Grande-Kabylie* ou *Kabylie du Djurjura* est certainement la région la plus remarquable de l'Algérie. Berbères purs, les habitants ont conservé leur langue, leur législation, et leur mœurs différentes des Arabes ; ce sont de remarquables agriculteurs qui ont tiré un parti merveilleux de leur sol ingrat et difficile. Les villages forment un pittoresque entassement de maisons sans fenêtres, juchés sur des sommets, dans un but défensif. Retranchés dans leurs montagnes, les Kabyles ont toujours opposé une résistance désespérée aux conquérants successifs ; ils furent nos plus redoutables adversaires.

11 k. d'Alger à *Maison-Carrée*, p. 48, 9° — On franchit l'Harrach et l'on

Photo du Gouv. G^{al} de l'Algérie.

En Kabylie, route de Fort-National à Michelet.

entre en pleine Mitidja. — 26 k. *Routba*, bourg florissant ; vignobles immenses. Au delà de (39 k.) l'*Alma*, beau village sur la rive g. de l'oued Boudouaou, que l'on franchit, le pays devient mamelonné et broussailleux. — 54 k. *Ménerville* (buffet ; hôt : *Blanchard, du Commerce*), gros bourg, situé au *col des Beni Aïcha*, à 139 m. d'alt., et qui est le seul passage conduisant de la Mitidja à la Kabylie. — Au sortir d'un court tunnel, on laisse à dr. la ligne de Constantine et de Bougie, puis l'on descend et l'on coupe la vallée de l'Isser. — 70 k. *Bordj Menaïel*, bourg, où nous avons remplacé une petite forteresse turque par un réduit important. La voie ferrée s'élève, le pays devient plus accidenté. Tracé mouvementé : grandes courbes, tunnels, viaducs. — 90 k. *Camp-du-Maréchal*, village dont le nom rappelle l'installation du maréchal Randon en 1857. La ligne se rapproche du *Sebaou*, la rivière kabyle par excellence, dont on remonte la rive g. A dr., hautes cimes, souvent neigeuses, du massif de l'Haïzer, extrémité occidentale du Djurjura. — 97 k. *Mirabeau*, au confluent du Sebaou et de l'oued Bougdoura. — Par des rampes rapides, on gagne au S.-E. le seuil de Tizi Ouzou.

107 k. Tizi Ouzou (hôt. : *du Square, Grand-Hôtel*), station à 1 k. 7 de la

ville, dont le nom signifie *col des Genêts*, située à 190 m. au S. du djebel Belloua.

La *route de Tizi Ouzou à Tirourda, construite dans un but stratégique, est établie sur la crête maîtresse du massif Kabyle, qu'elle domine à dr. et à g., ménageant les perspectives les plus étendues et les plus magnifiques. Elle ne traverse aucun des innombrables villages accumulés dans la région, mais tous lui sont reliés par de bons sentiers. — A 9 k. 5 de Tizi Ouzou commence l'interminable et rude montée en lacets. La vue est de plus en plus belle et étendue à mesure qu'on s'élève. — 17 k. *Monument commémoratif* de la conquête de la Kabylie en 1857.

27 k. **Fort-National** (hôt. *des Touristes*), village de 300 hab. européens, à 920 m., n'est qu'une forteresse où quelques maisons particulières, bordant la rue unique, sont comme perdues au milieu des bâtiments militaires. Une citadelle, à 974 m., couronne le tout. Merveilleux panorama.

Au delà, la route court en corniche tantôt sur le flanc S., tantôt sur le flanc N., d'une étroite arête. Sur le flanc S., la *vue est de toute beauté sur la grande chaîne et ses chaînons secondaires couronnés de gros villages.

47 k. **Michelet** (hôt. *Transatlantique*, ch. dep. 10 fr., rep. depuis 10 fr.), à 1,080 m. d'alt., ch.-l. de la commune mixte du Djurjura extrêmement peuplée (densité approchant celle de la Belgique). Panorama des plus étendus : point culminant du Djurjura, la Lalla Khadidja (2,308 m.); à dr., groupe imposant des sommets de l'Akouker (2,305 m.) et plus loin, massif de l'Haïzer (2,123-2,147 m.); à g., escarpements de l'Azerou Tidjer (1,751 m.).

La route continue en corniche, presque toujours sur le flanc S. — 56 k. *Maison cantonnière*, à 1,250 m., au point de jonction de l'arête avec la grande chaîne. Plus de cultures, rien que des escarpements stériles. Rampe continue et forte.

63 k. *Col de Tirourda* (poste de refuge), point culminant de la route, à 1,760 m. d'alt., dominé à dr. par l'Azerou N Tirourda (1,962 m.). Panorama superbe, surtout du petit mamelon à l'O. de la route. Suite sur Bougie, p. 63.

14° Bou Saada, par l'Arba et Aumale (249 k., bonne route, pittoresque; serv. d'auto, recommandé, s'adresser à Ambrosi, r. d'Isly, 53). — 12 k. Alger à *Maison-Carrée*, p. 48. — 30 k. *L'Arba*; vignobles. — On escalade le rebord N. du Petit-Atlas. — 50 k. Pierre commémorative du passage du maréchal Bugeaud en 1847. Terrains dénudés; vues étendues. — 124 k. **Aumale** (hôt. *d'Orient*), l'*Auzia* des Romains, le *Sour Rozlane* (rempart des gazelles) des Arabes. Région fertile, élevage de chevaux. — Au delà, montée en lacet, le long du flanc E. du djebel Tirra que l'on contourne. — 130 k. 6. *Col*, à 1,037 m. On descend (nombreux virages) sur le bassin du Hodna. Pays dénudé; cultures de céréales. — 175 k. *Col du Signal* (598 m.), puis large plaine où l'on peut voir, par de chaudes journées, des effets de mirage. On atteint des terrains de parcours. — 195 k. *Col de Merkeb Saoula*, à 673 m. — 246 k. *Banc de sable de Bou Saada*, large de près de 2 k. Chaussée pavée et pont métallique sur l'oued Maïter.

249 k. **Bou Saada** (hôt. : *du Petit-Sahara*, ch. dep. 10 fr., rep. dep. 10 fr.; *de l'Oasis*), dont le nom signifie le « lieu du bonheur », est un centre indigène situé à 578 m. d'alt. à l'angle S.-O. du Hodna; son occupation date de 1849. C'est en quelque sorte un musée du Sahara et des Hauts-Plateaux, dont il renferme tous les éléments, et particulièrement goûté des artistes.

L'agglomération indigène est un ksar en amphithéâtre d'aspect tout à fait saharien. On y trouvera : des bijoux d'argent, de facture grossière, mais curieux; haïks de soie, mouchoirs lamés d'or, tapis de haute laine. Nombreuses danseuses Ouled Naïl. Courses et fêtes indigènes en avril.

L'*oasis, arrosée par les eaux de l'oued Bou Saada, est des plus intéressantes à parcourir. Les palmiers y sont de très belle venue. On ne manquera pas d'y faire la promenade classique des *bords de l'oued*, qu'on remontera jusqu'à l'extrémité des plantations.

L'oasis et l'oued Bou Saada.

Les *dunes*, d'une part, et le *vieux Bou Saada*, d'autre part, constituent d'agréables promenades de moins de 2 h. chacune, aller et retour. On ne manquera pas, en outre, en temps de lune, de faire une sortie de nuit dans la ville indigène, de monter sur les terrasses des mosquées et de contempler le spectacle nocturne des terrasses, de l'oasis, des dunes.

Du sommet de *Sidi Azdine* (682 m.; ascension en 1 h. à pied; à faire de préférence dans l'après-midi), vue magnifique sur l'oued Khicha, l'oued Bou Saada, la plaine du Hodna, les montagnes de l'Ouennougha à l'E., de Maadid, au N., du Baten, à l'O.

15° Boghari, le rocher de Sel, Djelfa et Laghouat (443 k. D'Alger à Djelfa, ch. de fer, 330 k., un train par j. dans chaque sens, 2 jusqu'à Boghari, trajet en 13 h. env.; par la route, 319 k., serv. d'autobus d'Alger à Boghari. — De Djelfa à Laghouat, 113 k., serv. d'autobus. Itinéraire des *Auto-circuits Nord-Africains*). — Cette excursion, très recommandée, permet de voir en raccourci depuis les rues grouillantes jusqu'aux solitudes désertiques, en passant par les molles ondulations du Sahel, les sommets escarpés de l'Atlas et les horizons sans bornes des Hauts-Plateaux. Se munir de vêtements chauds et de couvertures.

51 k. d'Alger à *Blida*, p. 50. — On traverse les gorges de la Chiffa (p. 53); nombreux travaux d'art. — 101 k. Médéa (hôt. *d'Orient*), petite ville de 16,000 hab., située à 920 m. d'alt., au pied de côteaux couverts de vignes. — Après *Ben Chicao*, point culminant de la ligne à 1,164 m.

175 k. Boghari (hôt. *Célestin*), centre commercial important dont le *Ksar*, gros village indigène d'aspect tout saharien, mérite une visite (surtout le soir); nombreuses danseuses Ouled Naïl.

A 8 k. O. (serv. de voit.), Boghar (906 m.; hôt. *Transatlantique*, ch. dep. 10 fr., rep. dep. 12 fr.), est un petit village sur l'emplacement d'un poste militaire romain; grâce à sa situation élevée au-dessus de la vallée du Chélif, on y découvre d'admirables horizons : au N. sur le Tell et Médéa, au S. sur les steppes, ce qui lui a valu le surnom de « balcon du Sud ».

On remonte la *vallée du Chélif*, cuvette de terres richement phosphatées, très fertiles en céréales lorsqu'il pleut suffisamment, d'une absolue stérilité dans les années sèches. On s'éloigne du Chélif pour s'élever sur un dos de pays d'où l'on a, vers le S. un horizon immense, d'une uniforme platitude; on entre en pleine steppe, région au relief incertain, aux dépressions sans écoulement, où le phénomène du mirage est fréquent. — 232 k. *Aïn Oussera*, où commence la *mer d'alfa*. — 267 k. *Guelt Es Stel*, col à l'O. du djebel Kaïder et des Seba Rous, à 920 m. On est dans les *Territoires du Sud*. — Descente douce sur le versant S., qui s'incline vers le bassin fermé des deux *Zahrez* (*Gharbi* et *Chergui*), vastes mares saumâtres. Au delà de l'oued Haïder, dunes de sable dont l'alignement se prolonge indéfiniment vers l'O. et vers l'E.

301 k. *Le Rocher-de-Sel* (aub.), halte qui tire son nom du rocher ou plus exactement pierre de sel (*Hadjer El Melah*), gîte salifère dont le sel, fort abondant, forme un amas coloré des nuances les plus diverses, raviné et déchiqueté à l'extrême, et qui présente un très curieux spectacle.

On coupe les *monts des Ouled Naïl*, dont le versant S. est complètement dénudé.

330 k. (319 par la route). Djelfa (1,153 m.; hôt. *de France*), principal marché de la confédération des Ouled Naïl, dont le climat, très froid en hiver, est très chaud en été. Fêtes et danses indigènes (s'informer).

La montée se poursuit à travers des plateaux mamelonnés, monotones, couverts d'alfa et d'armoise; peu d'horizon. — 14 k. (de Djelfa). *Col des Caravanes* ou *Téniet Moudjaniba*, à 1,260 m.; descente. — 97 k. *Mellili*, caravansérail, à 847 m., sur l'oued du même nom, entre le djebel Milka (1,175 m.) et le *Kef Mellili* (995 m.). — Traversée de l'oued Mzi; on contourne le djebel Dakla dit le *Chapeau de Gendarme*.

L'oued Mzi, près de Laghouat.

113 k. (de Djelfa). **Laghouat** (hôt. *Transatlantique*, ch. dep. 10 fr., rep. dep. 12 fr. ; *des Bains, Saharien*), petite ville de 6,677 hab., dont 547 européens seulement (non compris la garnison) et 90 israélites, ch.-l. du territoire militaire dit de Ghardaïa, et d'une commune indigène dont la population n'atteint pas 30,000 hab. et dont la superficie est de 1,775,000 hect., est situé sur l'oued Mzi, cours supérieur de l'oued Djedi, à 792 m. d'altit.

Laghouat se développe du N.-E. au S.-O. sur deux mamelons rocheux appartenant à la petite crête du *djebel Tisgrarine* ; le versant N.-O. est couvert de maisons, qui s'étalent sur les flancs des mamelons qui se font face : celui du S.-E., plus escarpé, en compte beaucoup moins. C'est le versant N.-O. qu'habitent les Européens ; des rues à arcades y ont été tracées et des constructions européennes ont remplacé en grande partie les maisons indigènes. Des bâtiments militaires couronnent les mamelons.

La fondation de Laghouat est sans doute postérieure à l'invasion hilalienne (xi° s.). L'oasis se soumit sans coup férir au général Marey-Monge en 1844, mais fit défection quelques années plus tard. Pour la soumettre, une expédition fut organisée en nov. 1852 sous les ordres du général (depuis maréchal) Pélissier. Arrivé le 2 déc. devant Laghouat, celui-ci fit donner l'assaut le 4. La ville fut emportée après une lutte des plus sanglantes, où furent blessés mortellement le général Bouscaren et le commandant Morand.

Jusqu'à notre occupation, Laghouat formait en réalité deux villes distinctes, habitées par deux populations, les *Ouled Serrine* au S., et les *Hallaf* au N., presque toujours en lutte.

Le quartier européen, sur lequel débouche la route d'Alger, par l'*avenue Cassaigne*, n'a rien d'intéressant. En revanche, les touristes prendront sans doute grand plaisir à errer dans le quartier indigène du versant S.-E., le *Chtett*, dont les rues sont des plus originales et où ils pourront visiter un *ouvroir indigène* dont les fillettes s'occupent à la fabrication de tissus ornés.

On aura une fort belle vue sur Laghouat et ses environs de la *tour de l'hôpital* ou du *fort Bouscaren* au S.-O. et surtout du *fort Morand* au N.-E. (recommandé). Le *Kef Tizigarine* ou *Rocher-des-Chiens*, plus loin au S.-O. que le fort Bouscaren, est aussi un très bon observatoire.

L'*oasis* de Laghouat est fort agréable à parcourir. Elle s'étend en forme de cercle au N.-O. et au S.-E. de la ville qui la sépare en deux parties, celle du N.-O. étant la plus vaste ; au delà des palmeraies, des terrains cultivés en céréales en forment la zone extérieure. Deux barrages arabes et un troisième barrage construit par nous y dérivent les eaux de l'oued Mzi (le canal d'amenée s'appelle l'*oued Lekhier*) qui en assurent l'irrigation. On y compte 30,000 palmiers env., qui ne produisent que des dattes médiocres, mais dont la végétation est magnifique. Sous leur ombre, arbres fruitiers, ceps de vigne, légumes de toute sorte poussent à l'envi. En dépit de cette flore saharienne, le climat de Laghouat est très froid en hiver.

Au printemps, sont généralement organisées des fêtes à caractère local : danses soudanaises, fantasias, mbita des Ouled Naïl, concours de tir et de bassours ou palanquins, courses de chevaux et de méharas (s'informer à Alger).

Les terrains de parcours qui s'étendent au S. de Laghouat, à l'O. de ceux des Ouled Naïl, appartiennent aux *Larbaa*, grands nomades comme leurs voisins, et dont les goums sont réputés pour leur hardiesse et leur bravoure.

Les touristes amateurs de sites sauvages et de perspectives grandioses dans leur désolation trouveront autour de Laghouat matière à des excursions intéressantes (s'informer aux Affaires indigènes). — Citons notamment l'étrange cuvette elliptique du *djebel Milok*, dont l'extrémité S. n'est qu'à 16 k. N.-O. de Laghouat : suivre d'abord la route d'Alger, puis prendre à g. par la piste d'Aïn Madhi, après avoir traversé l'oued Mzi. — On pourra visiter aussi le ksar d'*El Assafia* (2 h. de mulet) où des femmes indigènes excellent dans le tissage de grandes couvertures ornées, dites *jerbis*.

De Laghouat, on pourrait se relier, par la piste carrossable de Djelfa, à Bou Saada (p. 58).

D'ALGER A BOUGIE. — Nous donnons ci-après les trois itinéraires que les touristes peuvent employer pour se rendre d'Alger à Bougie; mais il est préférable d'utiliser l'un à l'aller et l'autre au retour, et, en ce cas, nous recommanderons les itinéraires B et C qui traversent entièrement la région, alors que l'itinéraire A, la voie ferrée, la contourne par le S. On verra ainsi toute la Kabylie, avec ses panoramas pittoresques, ses populations curieuses, ses cultures fort originales et enfin ses sites forestiers d'un charme incomparable. Les *Auto-Circuits Nord-Africains* effectuent le parcours en utilisant la plus grande partie des itinéraires B et C.

A. Par le chemin de fer (261 k., réseau Est-Algérien de l'Etat, en 8 h. env.; on change de train à Beni Mansour; 262 k. par la route qui ne s'éloigne guère de la voie ferrée). — 54 k. d'Alger à *Ménerville*, p. 57. — Après avoir laissé à g. la ligne de Tizi Ouzou, on tourne au S. dans la vallée de l'Isser que l'on remonte; on passe ensuite dans la vallée de l'oued Sahel que l'on descend jusqu'à son embouchure. On contourne ainsi par le S. toute la Grande Kabylie, en suivant de près le pied du Djurjura (à g.). — 64 k. *Beni Amrane*. Villages kabyles sur les hauteurs. Nombreux travaux d'art. — On pénètre dans les pittoresques *gorges de Palestro, longues de 4 k. env., entaillées par l'Isser à l'O. du massif des Beni Khalfoun que domine le Tegrimoun. — 77 k. *Palestro* (hôt. *de France*), ch.-l. de commune mixte, à 165 m. sur un plateau que circonscrit une boucle de l'Isser; monument commémoratif de la révolte kabyle de 1871. — On remonte l'oued. Tunnels. Belles perspectives. A g. le Djurjura (massif de l'Haïzer). — 118 k. *Col de Dra El Khemis* (577 m.) d'où l'on descend sur l'oued Sahel. — 123 k. *Bordj Bouïra* (buffet), centre agricole important. — On suit la vallée de l'oued Sahel ou *plaine de Hamza* que borne au N. la chaîne abrupte du Djurjura (beau panorama). — 162 k. *Maillot*, station. — 172 k. *Beni Mansour* (buffet), dans une belle situation, au pied de la Lalla Khadidja (2,308 m.); bifurc. de la ligne de Constantine. — On franchit le Sahel et on continue à suivre cette rivière qui prend le nom de *Soummam*; vallée très riche, bien cultivée et peuplée. — 176 k. *Tazmalt*. On contourne le *piton d'Akbou*, isolé au milieu de la plaine, puis la vallée s'étrangle; à dr., escarpements du djebel Gueldamane (gisements de fer). — 195 k. *Akbou* ou *Metz*, sur une hauteur. — 206 k. *Ighzer Amokrane*, au débouché de deux vallées importantes. — 236 k. *El Kseur-Oued Amizour*, station au milieu d'une région cultivée; vignes de plus en plus nombreuses. — 240 k. *Tombeau de la Neige*. Sur la route, monument commémoratif de la perte de la colonne Bosquet dans une tourmente de neige (février 1852). — 248 k. *La Réunion*. Sur la dr., apparaît la mer, puis surgit l'arête abrupte du djebel Gouraya au pied duquel s'étage Bougie. La gare est tout au bas de la ville.

267 k. Bougie (hôt. : *Transatlantique*, ch. dep. 10 fr., rep. dep. 10 fr.; *d'Orient*, ch. dep. 7 fr., rep. dep. 7 fr.; etc.; Syndicat d'initiative), ville de 18,522 hab. dont un peu plus d'un tiers d'européens, ch.-l. d'arrond., est située sur la côte O. du beau golfe qui porte son nom, dans un cadre de verdure luxuriante auquel font contraste les sauvages escarpements qui la dominent au N.

On devra au moins consacrer une journée à Bougie et à ses environs immédiats; les souvenirs des âges disparus y sont nombreux : porte sarrasine, musée. Le panorama sur le golfe est incomparable. On ne manquera pas de faire l'admirable promenade du *cap Carbon*, en allant autant que possible par la route du Tunnel (on peut s'y faire conduire en voit.) et en revenant à pied par le sentier du littoral.

B. **Par Tizi Ouzou, Fort-National et le col de Tirourda** (294 k. jusqu'à Bougie, ou 209 k. jusqu'à Tazmalt ou Maillot où l'on peut prendre le train; serv. d'autobus jusqu'à Michelet.) — 63 k. d'Alger au *col de Tirourda*, p. 56, 13°. — Le col franchi, c'est une descente ininterrompue de 31 k. —

201 k. On atteint la route de Beni Mansour à Bougie. — 209 k. *Tazmal* ou 211 k. *Maillot*, et de là à *Bougie*, V. ci-dessus, A.

C. Par Tizi Ouzou, Azazga et Yacourène (238 k. au total; 107 k., ch. d fer d'Alger à Tizi Ouzou ou serv. d'autobus; serv. de voit. de Tizi Ouzou Azazga et Yacourène, se renseigner). — 107 k. d'Alger à *Tizi Ouzou*, p. 5 — On remonte à g. la vallée du Sebaou, que l'on franchit pour continuer la remonter par sa rive dr. — 122 k. *Tamda*. Rude montée en lacets; croupe boisées. — 142 k. *Azazga* (hôt. : *des Touristes, Vayssières*), coquet villag ch.-l. de commune mixte, situé à 425 m. à la lisière de la *forêt de Bou Hin* très giboyeuse (sangliers). — On pénètre en forêt; rampes continues. 154 k. *Yacourène*, petit centre à 750 m. Descente et montée continues le lon de la lisière N. de la *forêt de Tizi Ou Fellah* qui se prolonge par cel d'*Akfadou* (superbes boisements). — 164 k. *Col de Tagma* (943 m.); panoram superbe et étendu. — 166 k. *Aguemoun Ou Djelila* (906 m.); on franchit limite des départ. d'Alger et de Constantine. Parcours ondulé. — 170 k. C de *Tigdint* (981 m.), point culminant de la route. — 175 k. *Adekar Kebouc* maison cantonnière et petit centre entre la forêt d'Akfadou et celle de Taouri Ighil. — 188 k. *Hôtel*. A hauteur du village indigène de *Taourirt Ighil*, passe au pied d'un mamelon (1,003 m.), à g., d'où l'on a une vue panor mique remarquable de toute la région jusqu'à la mer. Là commence grande descente de 24 k. (tournants brusques) sur la vallée de la Somma — 195 k. *Col de Talmetz* (825 m.). La forêt cesse; on entre dans la zone d cultures arbustives; grands villages. — 213 k. *El Kseur* (80 m.). — 214 *El Kseur-station*, et 24 k. de là à *Bougie*, V. ci-dessus, A.

Coulommiers. — Imp. PAUL BRODARD. — 509-11-22.

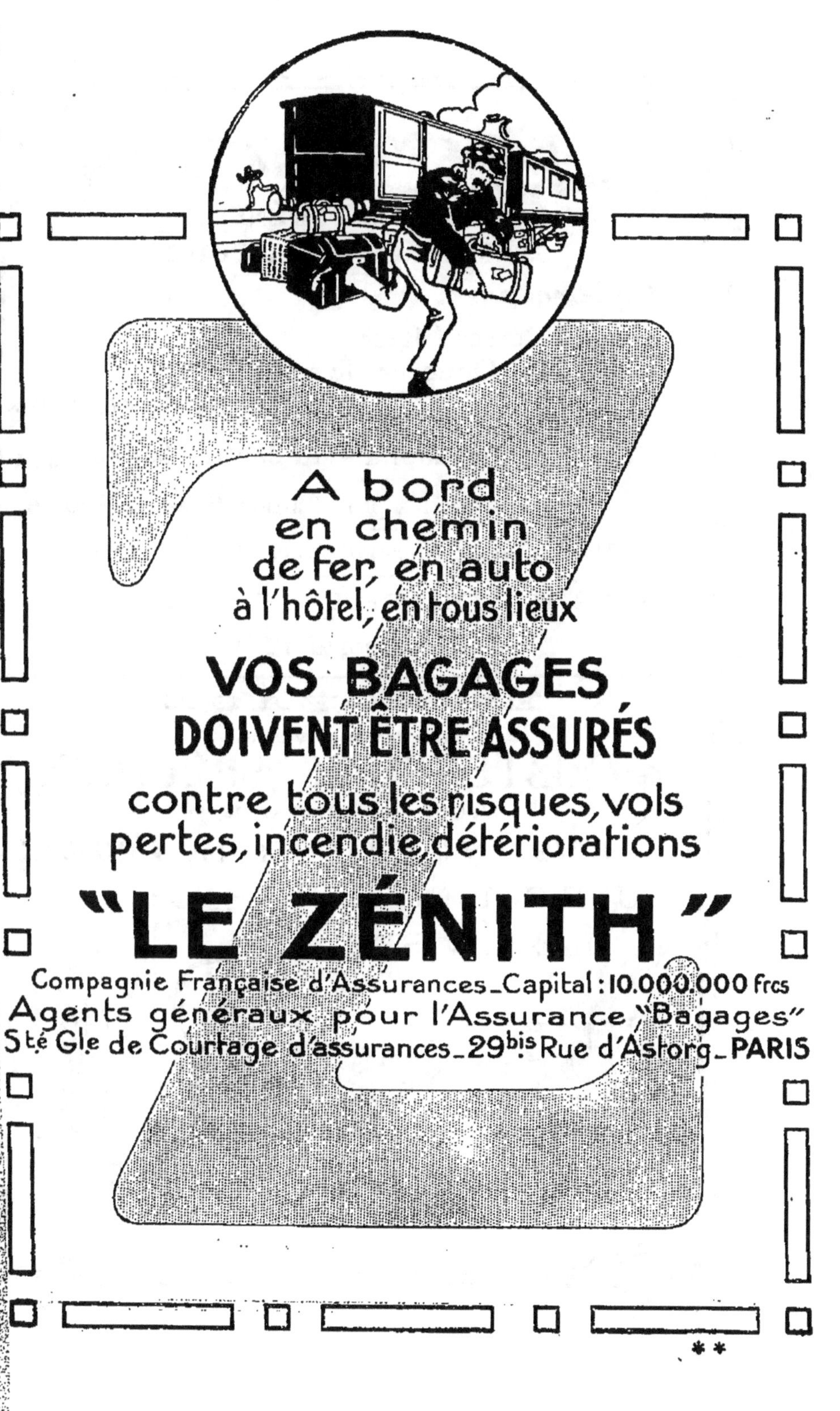
A bord
en chemin
de fer, en auto
à l'hôtel, en tous lieux

VOS BAGAGES
DOIVENT ÊTRE ASSURÉS

contre tous les risques, vols
pertes, incendie, détériorations

"LE ZÉNITH"
Compagnie Française d'Assurances _ Capital : 10.000.000 frcs
Agents généraux pour l'Assurance "Bagages"
Sté Gle de Courtage d'assurances _ 29 bis Rue d'Astorg _ PARIS

PUBLICITÉ DES GUIDES DIAMANT
EXERCICE 1922

I. Adresses utiles — Sociétés financières
Journaux — Chemins de fer — Indicateurs
Compagnies maritimes

ADRESSES UTILES

AGENCES DE BAGAGES

AGENCE DE BAGAGES
Enlèvement des Bagages
A domicile et à l'étage
ENREGISTREMENT — EXPÉDITION
Grande et petite vitesse

MESSAGERIES DU TOURISME
6, rue Michel-Chasles, PARIS
En face la gare du P.-L.-M.
TÉLÉPHONE Roquette 30.18.

ANTISEPSIE

Bain stimulant de
J.-A. PENNÈS
Vinaigre antiseptique de
J.-A. PENNÈS
H.-E. PENNÈS et TOULET
Toutes Pharmacies et
3, rue de Latran, *PARIS* (5ᵉ)

AGENCES DE LOCATIONS

Votre temps est précieux
Ne le perdez pas à chercher vous-même des APPARTEMENTS A LOUER. Votre intérêt est de vous adresser de suite à l'AGENCE CAUCHOIS, 26, rue Vivienne, Paris, qui procure rapidement tous locaux à louer et rembourse en cas de non-réussite. Se charge également des Ventes de Propriétés, Fonds de commerce, etc.

AGENCE BOITTIAUX
46, Boul. Sébastopol, 46, Paris
TÉLÉPHONE (ARCH. 06.08)
INDICATEUR D'APPARTEMENTS
Meublés et non - Boutiques - Locaux, etc.

Achat — Vente et location
de propriétés meublées et non
PARIS - BANLIEUE - PROVINCE

Agence des Étrangers
11, rue Tronchet, PARIS
Téléph. : Central 87.16

VENTE & LOCATION
Appartements meublés et non meublés. — Immeubles, Hôtels particuliers, Châteaux, Villas, Bains de mer, Terrains, Fermes, Usines.

Banque Immobilière de Paris
J.-M. ESNAULT, Directeur
147, boulevard Haussmann, 147

délivre la liste exacte et complète de tous les Appartements et Hôtels, meublés ou non meublés, Boutiques, Locaux commerciaux et industriels à louer dans tᵉˢ les quartiers de Paris
Renseignᵗˢ sérieux et tenus à jour

HOTEL MONTE-CARLO
10-12, bould des Italiens
PARIS

Ascenseur, chauffage central
Confort moderne

Adr. télég. : *Montecarotel-Paris*
TÉLÉPHONE : Central 66.00

HOTEL DE L'OPÉRA
16, Rue du Helder, Paris

Entre les boul. Haussmann et des Italiens
Ascenseur, eau chaude et froide
courante, nettoyage par le vide
Prix modérés
Cuisine bourgeoise
Léon MAISON, Propriétaire
TÉLÉPHONE Gutenberg 32.09

GRAND HOTEL du PAVILLON

36-38, *rue de l'Echiquier, PARIS*
(Près les Grands Boulevards)
3oo lits, Dernier confort, Eau
courante, Téléphone, Chauffage
central, etc., dans toutes chambres. 5o *Salles de Bains privées.*
*Bureaux et Salles d'Expositions
modernes.* Hall, Petits salons,
Bar.

HOTEL PRIMA
de Belgique et Hollande

7, rue Trévise, *Grands boulevards*
Ascenseur. Chambres depuis 6 fr.
Cab. toil. à eau courante chaude
et froide. Chauffage central. Res-
taurant. Télégr. : HOTEL-PRIMA-
Paris. Téléphone : Central 55 89.
CHARLES FASCIO, Propre.

TERMINUS = LYON
FACE ARRIVÉE
Hôtel de tout premier ordre
19, boul. Diderot, Paris
TÉLÉPHONE Roquette 24-03
Chambres de 10 à 20 fr.
Dernier confort moderne. Postes et Télé-
graphes. Eau chaude et froide dans toutes
les chambres. — L. BRANÇON, Propre.

HOTEL
DE L'UNION NATIONALE
8, place de Budapest, Paris (Voir
page 74).

GRAND HOTEL
de
VERSAILLES
60, boulevard Montparnasse, Paris
(*à la gare même, côté arrivée*)
Eau courante chaude et froide dans
toutes les chambres. Salles de bains.
Ascenseur. Chauffage central.
Téléphone : Fleurus 12-82

HOTEL VIGNON
23, rue Vignon, PARIS
(Gare Saint-Lazare-Madeleine)
Installation moderne
Chauffage Central
Ascenseur
TÉLÉPHONE Louvre 11.10

INSTRUMENTS de MUSIQUE

Si vous désirez un bon
INSTRUMENT de MUSIQUE
Garanti
parfait sous tous les rapports
justesse et fabrication,
adressez-vous à
Jérôme THIBOUVILLE-LAMY et Cie
68 *bis, rue Réaumur, Paris*
MAISON DE CONFIANCE FONDÉE EN 1790

LITS MÉCANIQUES
DUPONT, 10, rue Hautefeuille, Paris
(*Voir page de couverture au com-
mencement du volume.*)

Un Manteau pratique doit être imperméable

PHOTO-HALL

5, Rue Scribe (près de l'Opéra) **PARIS** (9ᵉ)

SOLIDITÉ   NETTETÉ

LÉGÈRETÉ   RAPIDITÉ

SIMPLICITÉ   LUMINOSITÉ

APPAREILS DE PRÉCISION 9×12 PERFECT

Employant à volonté les plaques sur verre ou les pellicules planes film pack. Ces appareils de construction très soignée, gainés maroquin, montés avec objectif et obturateur de précision sont livrés avec trois châssis, un déclancheur, une instruction et un traité de photographie.

Avec objectif RECTILIGNE	Avec anastigmat PERFECT	Avec anastigmat BERTHIOT
150 fr.	**240** fr.	**320** fr.

Pellicules souples « PERFECT » . . . . La douz.   4 fr. 95

Plaques extra-rapides " PERFECT " . .   —   5 fr. 95

CATALOGUE GRATUIT ET FRANCO SUR DEMANDE

* Meaux.	Nevers.	* Rambervillers	* St-Junien.	Tourcoing
* Melun.	* Nice.	* Rambouillet	* Saint-Lô.	* Tournus.
* Mende.	* Nimes.	* Redon	Saint-Loup-s-Semouse.	* Tours.
* Menton.	* Niort.	* Reims.	* Saint-Malo.	Tréport (Le)
* Méru.	* Nogent-le-Rotrou	* Remiremont	* St-Menehould	* Trouville
* Merville	* Noyon.	* Rennes.	* Saint-Nazaire	* Troyes.
* Meulan.	* Nuits-Saint-Georges.	Rethel.	* Saint-Omer.	* Tulle.
* Meursault.	* Nyons.	Revel.	* Saint-Paul-s-Ternoise.	Tullins
Meymac.	* Oloron-Ste-Marie.	* Revin.	* Saint-Pourçain-s-Sioule	* Uzès.
* Mèze.	* Orange.	* Riom.	* Saint-Quentin	* Valence.
* Mézières	* Orléans.	* Rive-de-Gier.	* St-Raphael.	* Valence-d'Agen
* Millau.	Orches	* Roanne.	* Saint-Remy-de-Provence	* Valenciennes
Mirande.	* Orthez.	* Rochefort-s-M.	* Saint-Servan.	* Valognes
* Mirecourt	* Oyonnax.	* Rochelle (La).	* Salies-de-Béarn	* Valréas.
* Moissac.	* Palaiseau.	* Roche-s-Yon	Salins-du-Jura	* Vannes.
* Montargis.	* Pamiers.	* Rodez.	* Salon.	* Vendôme.
* Montauban.	* Paray-le-Monial.	* Romans.	Sancoins.	* Verdun.
* Montbéliard.	Parthenay	Romilly-s-Seine	* Sarlat.	* Verneuil-sur-Avre.
Montbrison.	* Pau.	Romorantin	* Saulieu	* Vernon.
* Mont de Marsan.	* Périgueux.	Roubaix	* Saumur	* Versailles.
* Montdidier.	* Péronne.	Rouen.	* Seclin.	Vervins.
* Monte-Carlo	* Perpignan.	Royan.	* Sedan.	* Vesoul
* Montélimar	Pertuis.	Rueil.	* Segré.	* Vichy.
* Montereau	* Pézenas.	Ruffec.	* Semur	* Vienne.
* Montluçon.	* Pithiviers.	Sabl-d'Olonne	* Senlis.	* Vierzon.
* Montmorillon	Ploermel.	* Saint-Affrique	Senones	Vigan (Le)
* Montpellier.	* Poissy.	Saint-Aignan.	* Sens.	Villedieu-les-Poëles.
* Montr.-s.-Mer	* Poitiers.	* Saint-Amand.	Seyne.	* Villefranche-de-Rouergue
* Montrichard.	* Pons.	* Saint-Brieuc	* Sézanne.	* Villefranche-s.-Saône.
* Moret-s-Loing	* Pont-à-Mousson.	* St-Chamond	* Soissons	Villeneuve-St Georges.
* Morez-du-Jura	* Pont-Audemer	* Saint-Claude	Souillac.	* Villeneuve s Lot.
Morlaix.	Pont-de-Beauvoisin.	* Saint-Dié.	* Tarare.	* Villeneuve-s.-Yonne.
* Mortagne.	* Pontivy.	* Saint Dizier.	* Tarascon.	* Villers-Cotterets
* Morteau.	Pont-L'abbé-Lambourg.	* Saint-Etienne	* Tarbes.	* Vimoutiers
* Moulins	* Pont-l'Evêque	* Saint-Flour.	* Thiers.	* Vire.
Moutiers	* Pontoise	* Sainte-Foy-la-Grande.	* Thizy.	* Vitry-le-Fr
Murat	* Provins.	* Saintes.	* Thonon-les B	* Vitré.
* Nancy.	* Puy (Le).	* St-Gaudens.	* Touars.	* Voiron.
* Nanterre	* Quesnoy (Le)	* St-Germain en Laye.	* Tonneins	* Vouziers.
* Nantes.	* Quimper.	* Saint-Girons	* Tonnerre	* Yvetot
* Nantua.	* Quimperlé	Saint-Hilaire-du-Harcouet	* Toul.	
* Narbonne		* Saint-Jean-d'Angély.	* Toulon.	
* Nay.		* St-Jean-de-Luz	* Toulouse	
* Nemours.				
* Nérac.				
Neufchâteau				
Neufchatel.				

AGENCES EN AFRIQUE

Alger, Bône, Bougie, Casablanca, Constantine, Kairouan, Mascara, Mostaganem, Oran, Philippeville, Relizane, Sétif, Sfax, Sidi-bel-Abbès, Sousse, Tanger, Tiaret, Tunis.

AGENCE A L'ÉTRANGER

Londres, 53, Old Broad Street; *Bureau-Annexe* West-End, 65-67, Regent Street, W. E.

SOCIÉTÉS FILIALES & BANQUES AFFILIÉES

SOCIÉTÉ GÉNÉRALE DE BANQUE POUR L'ÉTRANGER ET LES COLONIES

Barcelone 20, place de Catalogne; Valence, 39, calle del Pintor Sorella.

SOCIÉTÉ FRANÇAISE DE BANQUE ET DE DÉPOTS

Succursales à. Bruxelles, rue Royale, 72; *Bureaux.* boulevard Anspach, 27.' — Anvers, place de Meir, 72, 74, 76. — Ostende, avenue Léopold, 21. — Berlin, 34-35, Mohrenstrasse.

BANQUE FRANÇAISE DE SYRIE

Bureau à Marseille, 24, rue Noailles. — *Succursales, en SYRIE* Beyrouth, Damas, Alep; *en CILICIE* : Mersine, Adana.

SOCIÉTÉ GÉNÉRALE ALSACIENNE DE BANQUE

Siège social : Strasbourg, 4, rue Joseph-Massol. — *Agences à.* Colmar, Cologne, Esch-s.-Alzette, Ettelbruck, Francfort-s.-Mein, Guebwiller, Haguenau, Idar, Kehl, Ludwigshafen, Luxembourg, Mayence, Metz, Mulhouse, Obernai, Obernstein, Saint-Louis, Sarrebourg, Sarrebruck, Sarreguemines, Sarre-Union, Saverne, Selestat, Strasbourg, 8, rue du Dôme, Thann, Thionville.

Correspondants sur toutes les places de France et de l'Étranger

(*) Les agences marquées d'un astérisque sont pourvues d'un service de coffres-forts.

CRÉDIT LYONNAIS

FONDÉ EN 1863

SOCIÉTÉ ANONYME – CAPITAL : 250 MILLIONS
ENTIÈREMENT VERSÉS

LYON, SIÈGE SOCIAL : PALAIS DU COMMERCE
PARIS, SIÈGE CENTRAL : BOULEVARD DES ITALIENS, 19

AGENCES DANS PARIS

A	Place du Théâtre-Français, 3.	AE	Place Victor-Hugo, 7.
B	Rue Vivienne, 31 (Bourse).	AF	Avenue des Ternes, 37.
C	Faubourg Poissonnière, 44.	AG	Boulevard Haussmann, 132
D	Rue Turbigo, 3 (Halles).	AH	Rue Saint-Antoine, 62.
E	Rue de Rivoli, 43.	AI	Rue des Martyrs, 62.
F	Rue Lafayette, 50.	AJ	Boulevard Voltaire, 113.
G	Rue Rambuteau, 14.	AK	Faubourg du Temple, 68.
H	Boulevard Sébastopol, 91.	AL	Rue Royale, 14.
I	Faubourg Saint-Antoine, 63.	AM	Boulevard de Courcelles,
J	Boulevard Voltaire, 45.	AN	Boulevard Barbès, 5.
K	Rue du Temple, 201.	AO	Rue Lecourbe, 2.
L	Boulevard Saint-Denis, 10.	AP	Avenue Bosquet, 36.
M	Avenue de Villiers, 73.	AR	Avenue Marceau, 44.
N	Boulevard Magenta, 77.	AS	Aven. des Champs-Elysées, 55.
O	Avenue Kléber, 108.	AT	Rue de Lyon, 22.
P	Place Clichy, 16.	AU	Rue de Turenne, 103.
R	Boulevard Haussmann, 53.	AV	Place de Rennes, 6.
S	Faubourg Saint-Honoré, 152.	AW	Rue de Vaugirard, 316.
T	Boulevard Saint-Germain, 58.	AX	Rue du Commerce, 36.
U	Boulevard Saint-Michel, 20.	AY	Place de la Nation, 1.
V	Rue de Rennes, 66.	AZ	Rue Damrémont, 63 *bis*.
W	Boulevard Haussmann, 188.	ZA	Avenue de Clichy, 128.
X	Boulevard Saint-Germain, 205.	ZB	Place Daumesnil, 2.
Y	Avenue des Gobelins, 22.	ZC	Rue de Belleville, 134.
Z	Avenue d'Orléans, 19.	ZD	Rue Lafayette, 108.
AB	Rue de Flandre, 1.	ZE	Rue Ordener, 78.
AC	Rue de Passy, 66.	ZF	Rue de Ménilmontant, 1.
AD	Rue d'Auteuil, 43.	ZG	Place d'Italie. 5.
		ZH	Avenue du Maine, 73.

AGENCES DANS LA BANLIEUE DE PARIS

Asnières, Grande-Rue, 32.	Montrouge, av. de la République, 36.
Boulogne-s.-Seine, b. de Strasbourg, 1	Neuilly-s.-Seine, av. de Neuilly, 36.
Charenton, rue de Paris, 79.	Nogent-s.-Marne, Grande-Rue, 166.
Clichy, boulevard National, 96.	Pantin, rue de Paris, 62.
Colombes, rue Saint-Denis, 6.	Parc-St-Maur, av. de la Mairie, 1.
Courbevoie, rue de Paris, 43.	Saint-Denis, r. de la République, 24.
Levallois-Perret, rue Courcelles, 89.	Saint-Mandé, pl. de la Tourelle, 5.
Montreuil-s.-Bois, boul. Rouget-de l'Isle, 57.	Suresnes, rue Emile-Zola, 42.

COMPAGNIE ALGÉRIENNE

Société anonyme fondée en 1877

Capital : **100 000 000** de francs entièrement versés
Réserves : 88 000 000 de francs

Siège social : **PARIS, 50, rue d'Anjou**

TOUTES OPÉRATIONS DE BANQUE ET DE BOURSE

Comptes de dépôts à vue et à préavis
(taux variant suivant la durée du dépôt)
Lettres de crédit sur tous pays. — Envois de fonds. — Location
de compartiments de coffres-forts

AGENCES :

EN FRANCE : Antibes, Bordeaux, Cannes, Grasse, **Marseille**, Menton, **Montpellier**, Monte-Carlo, **Nice**, Vichy.

EN ALGÉRIE : Affreville, Aïn-Béïda, Aïn-Témouchent, **Alger**, Arzew, Aumale, Batna, Boghari, Bône, Bordj-Bou-Arreridj, Bordj-Bouira, Bordj-Ménaïel, Boufarik, Bougie, Boukanéfis, Blida, Castiglione, Cherchell, **Constantine**, Djidjelli, Douéra, Frenda, Guelma, Hammam-Bou-Hadjar, Jemmapes, Khenchela, Koléa, Maison-Carrée, Marengo, Mascara, Médéa, Mercier-Lacombe, Montgolfier, Mostaganem, M'Sila, Nemours, **Oran**, Orléansville, Palikao, Perrégaux, Philippeville, Relizane, Rio-Salado, Rouiba, Saïda, Saint-Arnaud, Saint-Cloud, Saint-Denis-du-Sig, Sédrata, Sétif, Sidi-Bel-Abbès, Soukaras, Tébessa, Le Télagh, Tiaret, Tlemcen, Vialar.

EN TUNISIE : Béja, Bizerte, Gabès, Kairouan, Mateur, Sfax, Souk-el-Arba, Souk-el-Khemis, Sousse, **Tunis**.

AU MAROC : Casablanca, Fez, Kenitra, Larache, Marrakech, Mazagan, Meknès, Mogador, Oudjda, Rabat, Saffi, **Tanger**.

CORRESPONDANTS DANS LE MONDE ENTIER

Type B— 2

LE FIGARO

Le Numéro 20 centimes

DANS TOUTE LA FRANCE

Président du Conseil d'Administration
Georges PRESTAT

Rédacteur en chef:
Louis LATZARUS

INFORMATIONS

LE FIGARO est outillé de manière à fournir sur chaque événement important, en France et à l'étranger, l'information la plus rapide, la plus complète, la plus sûre. Il a, depuis sa nouvelle direction, un service spécial de dépêches de la dernière heure qui lui sont envoyées de toutes les grandes capitales.

Ouvert à tous les partis, journal indépendant, **LE FIGARO** est la tribune la plus libre et la plus retentissante.

C'est le journal le plus répandu du monde entier.

PUBLICITÉ

Les services de Publicité sont installés dans l'hôtel du FIGARO 26, rue Drouot, PARIS

La publicité du **FIGARO** est la plus recherchée

ABONNEMENTS

	Paris et Départem.	Étranger
Un an.....	54 fr.	84 fr.
Six mois...	28 fr.	43 fr.
Trois mois.	14 fr.	21 fr. 50

JOURNAL DES DÉBATS

Politiques et Littéraires

GRAND JOURNAL QUOTIDIEN

FONDÉ EN 1789

17, *rue des Prêtres-Saint-Germain-l'Auxerrois, Paris* (1ᵉʳ)

15 centimes le numéro

Principaux collaborateurs : MM. René Bazin, Paul Bourget ; René Doumic, Ernest Lavisse, H. de Régnier, *membres de l'Académie française.*

MM. J. Bourdeau, Henry Joly, André Liesse, André Michel, G. Schlumberger, *membres de l'Institut.*

MM. A. Albalat, Jacques Bardoux, Henri Bidou, Paul Bluysen, F. de Brimon, Robert de Caix, A. Chaumeix, Emile Combe, docteur Darras, Maurice Demaison, Jules Dietz, A. Gauvain, G. Grandidier, André Hallays, Adolphe Jullien, Raymond Koechlin, docteur Marcel Labbé, Anatole Le Braz, Charles Legras, F. Maroni, Maurice Muret, Edouard Payen, Albert Petit, Arthur Raffalovich, Lieut.-Colonel Paul Renard, E. Ripault, Edouard Sarradin, Christian Schefer, H. de Varigny, Daniel Zolla, etc.

ADRESSE TÉLÉGRAPHIQUE : **DÉBATS-PARIS**

TÉLÉPHONE : Gutenberg 03.00, 03.01 et 03.02

PRIX DE L'ABONNEMENT :

	TROIS MOIS	SIX MOIS	UN AN
France et Colonies	13 fr.	26 fr.	50 fr.
Union postale.	16 fr.	32 fr.	64 fr.

Les abonnements partent du 1ᵉʳ et du 16 de chaque mois.

NOTA. — Le service du journal est fait gratuitement, pendant huit jours, sur demande affranchie adressée à l'Administration du journal.

35ᵉ ANNÉE

LE NUMÉRO 0 fr. 10

L'Éclair

JOURNAL QUOTIDIEN DE PARIS

Directeur politique Émile BURÉ

TÉLÉPHONE
Gutenberg 02.14 — 02.25

ADRESSE TÉLÉGRAPHIQUE
Éclair-Paris

10, rue du Faubourg-Montmartre, PARIS

ABONNEMENTS

	Trois mois	Six mois	Un an
PARIS (Seine et Seine-et-Oise)	8 fr.	15 fr.	30 fr
FRANCE (Colonies)	9 fr.	16 fr.	32 fr
ÉTRANGER	10 fr.	18 fr.	35 fr.

TARIF DE LA PUBLICITÉ

Annonces commerciales	la ligne	4 fr.
Réclames, troisième page	—	6 fr.
Faits divers	—	12 fr.
Entrefilets, deuxième page	—	15 fr.
Échos, première page	—	25 fr.

CHEMINS DE FER DE L'ÉTAT

Le Réseau des Chemins de fer de l'État, un des plus importants de l'Europe, sillonne de ses dix mille kilomètres de voies ferrées, tout l'ouest et le sud-ouest de la France, englobant, ainsi, les anciennes provinces de Normandie, Bretagne, Touraine, Anjou, Poitou, Aunis et Saintonge, justement réputées tant par leurs richesses agricoles que par leurs ressources industrielles, ainsi que par une infinie diversité de sites, de monuments, de climats, et de coutumes. On y trouve, en effet, une culture et un élevage très développés, des régions viticoles dont les produits sont universellement connus et des centres industriels, commerciaux et touristiques très importants.

Aux portes mêmes de Paris, voici Versailles, le plus noble décor de parcs et d'architectures et tout autour, d'autres noms de demeures illustres, Meudon, St-Cloud, La Malmaison, Marly, St-Germain, Rambouillet, planent sur les forêts ombreuses.

Plus loin c'est la Normandie où surgissent les villes d'art et les monuments glorieux : c'est Rouen, mirant dans la Seine, couverte de navires, la floraison gothique de ses clochers dentelés et de ses pignons aigus, c'est Caen, « l'Athènes Normande », avec ses églises Romanes et ses Hôtels Renaissance, ce sont les grandes Cathédrales de Sées, d'Evreux, de Bayeux et de Coutances...

Enfin, ourlant la verte Normandie, voici le long ruban des côtes où se suivent, sans interruption, les vieux ports pittoresques et les jeunes plages florissantes : Dieppe, St-Valéry, Fécamp, Yport, Etretat, où le flot a sculpté des aiguilles et troué des Portails colossaux.

Puis, au delà de l'estuaire de la Seine, où Le Havre, le grand port transatlantique fait vis-à-vis au vieil Honfleur vêtu d'ardoises, c'est le déroulement des plages de sable doré : Trouville, Deauville, Villers, Houlgate, Cabourg, etc...; Cherbourg et sa rade; Granville, le « Monaco du Nord ». qui regarde au large Jersey, ce parc anglais en pleine mer.

Mais voici qu'au milieu d'une baie profonde, s'aiguise une étrange silhouette... C'est le Mont-St-Michel cette pyramide inouïe d'architectures gothiques qui est bien la « Merveille de l'Occident».

Et ce roc monumental est aussi une borne entre deux provinces : ici commence la Bretagne, cette âpre terre de granit, perpétuellement assaillie par l'Océan et où, pourtant, sourient de si douces grèves; c'est Paramé, qui touche aux vieux remparts de St-Malo, ce nid de hardis corsaires, et, en face, par delà l'estuaire de la Rance, c'est Dinard, puis St-Lunaire, St-Briac, St-Cast, près du cap Fréhel; Le Val-André et St-Quay-Portrieux, sur la baie de St-Brieuc; Perros-Guirec, Trégastel et Trébeurden, parmi leurs chaos de granit rose; Roscoff, en face de l'Ile de Batz; Brest et sa rade, asile de nos flottes de guerre; enfin, Morgat, aux grottes fameuses.

Citons aussi comme intéressantes à visiter, les villes de Vitré, Fougères, Dol, Dinan, S-Brieuc, Guingamp, Lannion, Morlaix, Lamballe, Tréguier, et St-Pol-de-Léon ; enfin, sur les routes qui mènent en Bretagne, Chartres, Le Mans, Angers, Nantes, Laval, Rennes, etc., etc.

De nouveau au sud de la Bretagne, entre la Loire et la Gironde, le rivage s'adoucit derrière le chapelet des îles si pittoresques : Noirmoutier, Yeu, Ré, Oléron. Là, viennent mourir au bord de l'Océan, les riantes campagnes de la Vendée et du Poitou, de l'Aunis et de la Saintonge. Tandis qu'à l'intérieur, Thouars, Clisson, Bressuire, Parthenay, Niort, Fontenay-le-Comte, Pons, Jonzac, conservent de fiers témoins de leur passé, tandis que Saintes, au bord de la limpide Charente, s'enorgueillit de ses antiquités romaines, tout le long du rivage s'égrènent de charmantes stations balnéaires : Pornic, Les Sables-d'Olonne, une des plus belles plages de l'Europe; La Rochelle, le grand port de cette côte et le plus pittoresque aussi, puis Fouras, près de l'arsenal de Rochefort, St-Trojan, dans Oléron, Ronce-les-Bains à l'orée de la forêt de la Coubre; enfin Royan, la reine de la Gironde.

Tous les principaux ports maritimes de la Manche et de l'Océan Atlantique sont desservis directement par les lignes du Réseau de l'Etat : Dieppe, Fécamp, Le Havre, Rouen, Honfleur, Caen, Cherbourg, Granville, St-Malo, St-Brieuc, Morlaix, Brest, St-Nazaire, Nantes, Les Sables-d'Olonne, La Rochelle, La Rochelle-Pallice, Rochefort, Tonnay-Charente, Blaye et Bordeaux, et à chaque port aboutissent des voies ferrées de premier ordre qui ont leur continuation non seulement vers la Capitale et les principaux centres du territoire national, mais aussi vers l'Europe Centrale (Suisse, Italie, etc...) ainsi que vers l'Espagne et le Portugal.

CHEMINS DE FER DE L'ÉTAT

Des billets simples et des billets d'aller et retour individuels de 1ʳᵉ, 2ᵉ et 3ᵉ classes sont délivrés toute l'année, de toute gare à toute gare, du Réseau de l'Etat.

Il est également délivré des billets d'aller et retour de famille dont les principales conditions de délivrance et d'utilisation sont énumérées ci-après :

BILLETS D'ALLER et RETOUR de FAMILLE
de 1ʳᵉ, 2ᵉ et 3ᵉ classes

délivrés toute l'année, aux familles composées d'au moins trois personnes, payant place entière, pour un parcours minimum de 300 km. (retour compris) ou payant pour cette distance.

Le billet doit comprendre obligatoirement un enfant non marié, âgé de moins de 21 ans, s'il s'agit d'un fils, et de moins de 25 ans, s'il s'agit d'une fille.

Il peut comprendre, en outre, les ascendants de cet enfant, ses frères et sœurs, célibataires, quel que soit leur âge, deux domestiques pour l'ensemble de la famille et une nourrice pour tout enfant de moins de 3 ans.

Les domestiques ne peuvent être inscrits sur un billet de famille que si celui-ci comprend au moins trois membres de la famille.

Les orphelins de père et de mère sont assimilés aux enfants des personnes qui les ont recueillis.

Les prix de ces billets de famille sont calculés sur la distance totale d'aller et retour :

1ʳᵉ *et* 2ᵉ *personnes*, tarif ordinaire des billets simples ;

3ᵉ *personne*, tarif ordinaire des billets simples, réduit de 50 0/0 ;

4ᵉ *personne et suivantes*, tarif ordinaire des billlets simples, réduit de 75 0/0.

VALIDITÉ DES BILLETS

BILLETS DÉLIVRÉS :	VALIDITÉ	Prolongation moyennant supplément de 10°/₀ du prix initial du billet
Du 15 juin au 31 juillet .	jusqu'au	aucune prolongation.
Du 1ᵉʳ août au 31 août..	5	une seule prolongation de 30 jours.
Du 1ᵉʳ sept. au 30 sept..	novembre	une ou deux prolongations de 30 j.
Du 1ᵉʳ octobre au 14 juin	33 jours	une ou deux prolongations de 30 j.

Pour tous renseignements complémentaires, s'adresser aux gares.

CHEMIN DE FER DU NORD

Arras. Petite Place, aspect avant la guerre.
Cliché de l'Illustration.

Avant la guerre, le réseau du Nord desservait l'une des régions les plus productives de la France, tant au point de vue industriel (houillères, métallurgie, textiles, etc.) qu'au point de vue agricole (céréales, betteraves, sucre, alcools, bières, etc.).

Ce réseau donné, en outre, accès aux plages de la mer du Nord et de la Manche si fréquentées à cause de leur proximité de Paris; avec ses plaines vallonnées alternant avec de nombreuses régions boisées, il desservait des sites d'un attrait particulier et les forêts réputées de Chantilly, de Compiègne, de Villers-Cotterets, du Nouvion et de Mormal attiraient de nombreux visiteurs.

Enfin, ses services internationaux à marche extrêmement rapide mettaient en relation Paris avec l'Angleterre, la Belgique, la Hollande, le Luxembourg, l'Allemagne, les Pays scandinaves, la Russie, la Sibérie et le Japon par le Transsibérien.

Or, le réseau du Nord sur lequel se sont déroulées les batailles les plus acharnées et les plus meurtrières de la Grande Guerre 1914-1918 est aujourd'hui à peu près complètement dévasté et donne l'impression d'un immense désert morne et solitaire.

C'est, en effet, dans les régions du nord de la France qu'ont eu lieu les offensives :

D'Artois (9 mai et 25 septembre 1915);

De la Somme et de l'Ancre (1er juillet 1916);
Du Soissonnais et du Chemin-des-Dames (15 avril 1917);
De la Forêt de Villers-Cotterets (18 juillet 1918);
De la Région de Montdidier (7 août 1918).

C'est également dans ces régions que furent effectuées les destructions systématiques de villes, villages, usines, monuments historiques, etc., lors du recul de l'ennemi en mars 1917 sur la ligne Hindenbourg ; ensuite, pendant l'automne 1918, lorsqu'il fut chassé définitivement de France.

Le réseau du Nord présente donc, actuellement, deux zones distinctes : la zone chaotique, où se déroulèrent les grandes batailles; la zone de destruction systématique, opérée par l'Allemand au cours de ses retraites.

Arras. Petite Place, aspect fin 1918.
Cliché de l'Illustration.

Pour tous renseignements concernant la visite des champs de bataille au moyen, soit des trains de pèlerinage mis en marche à certaines dates indiquées par affiches spéciales, soit par les trains ordinaires avec circuits combinés comportant une partie du parcours en automobile, s'adresser au Bureau des renseignements et aux guichets de distribution des billets pour les pèlerinages en gare de PARIS-NORD.

Messageries Maritimes

SERVICES CONTRACTUELS

Départs à dates fixes de Marseille pour

**L'ITALIE, LA GRÈCE
LA TURQUIE, L'ÉGYPTE, LA SYRIE
LES INDES, L'INDO-CHINE
LA CHINE, LE JAPON
MADAGASCAR, LA RÉUNION
MAURICE, L'AUSTRALIE
LA NOUVELLE-CALÉDONIE**

LIGNES COMMERCIALES

Services réguliers au départ

**d'Anvers, de Londres, de Dunkerque, du Havre
de La Pallice, de Bordeaux, de Marseille**

POUR

**LA MÉDITERRANÉE, L'INDE
L'INDO-CHINE ET L'EXTRÊME-ORIENT**

CONSIGNATION — TRANSIT — REPRÉSENTATION

Pour tous renseignements s'adresser à :
PARIS
Siège social :
8 rue Vignon
Passages :
8 bis r. Vignon
Services :
9 rue de Sèze
MARSEILLE
Agence générale :
3 pl. Sadi-Carnot

Les Messageries Maritimes sont en outre représentées dans tous les ports desservis par leurs navires, ainsi que dans les principales villes de France et de l'Etranger, par des Agents et Correspondants.

AVIS IMPORTANT AUX VOYAGEURS

MM. les Voyageurs peuvent se procurer dans les gares et les librairies les Recueils suivants, publications officielles des chemins de fer, paraissant depuis plus de soixante ans, édités par la LIBRAIRIE CHAIX, rue Bergère, 20, Paris.

INDICATEUR-CHAIX hebdomadaire, comprenant les horaires de tous les chemins de fer français, y compris ceux d'Alsace-Lorraine. . . . . Prix : 3 fr. 50

LIVRETS SPÉCIAUX de chaque réseau : paraissant tous les mois.

Réseau de l'État. . . . . Prix :	1 fr.	50
Réseau de Paris-Lyon-Méditerranée.	—	1 fr. 50
Réseau d'Orléans.	—	1 fr. 10
Réseau de l'Est	—	1 fr. 10
Réseau du Nord.	—	1 fr. »
Réseau du Midi	—	0 fr. 75
Réseau d'Alsace-Lorraine.	—	1 fr. 10

LIVRET D'ENSEMBLE comprenant les sept réseaux. Prix. . . . . 5 fr. »

LIVRETS SPÉCIAUX de chaque banlieue :

Banlieue de l'État . . . . Prix :	0 fr.	40
Banlieue du Nord.	—	0 fr. 30
Banlieue de Paris-Lyon-Méditerranée.	—	0 fr. 25
Banlieue d'Orléans.	—	0 fr. 25
Banlieue de l'Est	—	0 fr. 25

LIVRET SPÉCIAL de l'Algérie, de la Tunisie et de la Corse . . . . Prix : 0 fr. 50

MM. les Voyageurs consulteront très utilement, pour établir et suivre leur itinéraire, les CARTES des chemins de fer énumérées ci-après. Ces cartes indiquent toutes les lignes en exploitation. — Adresser les demandes à la Librairie Chaix, rue Bergère, 20, à Paris.

CARTE DES CHEMINS DE FER DE LA FRANCE et de la NAVIGATION, à l'échelle de 1/1 200 000e, imprimée en deux couleurs et coloriée par département (1 m. 20 sur 0 m. 90). Toutes les stations sont mentionnées. Cartouches contenant les environs de Paris, de Lille, la Corse, ainsi que des petits plans des principales villes avec l'indication des raccordements de lignes. — Les cours d'eau sont imprimés en bleu. — Prix : en feuille, 12 fr. ; collée sur toile et pliée dans un étui, 25 fr.; montée sur gorge et rouleau, 35 fr. Port en sus : en feuille, 3 fr. 50 ; en étui, 1 fr. 25 ; montée baguettes, 2 fr. 50.

CARTE DES CHEMINS DE FER DE LA FRANCE au 1/1 200 000e imprimée en noir, avec un tracé spécial pour chaque réseau, indiquant les points de jonctions (transit) des compagnies entre elles. Toutes les stations sont mentionnées. Cartouches contenant les environs de Paris, de Lille, la Corse, ainsi que des petits plans des principales villes avec l'indication des raccordements de lignes. — Prix : en feuille sur papier parcheminé, 9 fr ; pliée dans un cartonnage, 8 fr. 50 ; collée sur toile et pliée en étui, 16 fr.; montée baguettes et vernie, 25 fr. Port en sus : en feuille, 3 fr. 50 ; en étui, 1 fr. 25 ; montée baguettes, 2 fr. 50.

ANNUAIRE-CHAIX DES PRINCIPALES SOCIÉTÉS PAR ACTIONS Contenant des renseignements d'une utilité pratique sur les Compagnies de chemins de fer, les Institutions de crédit, les Banques, les Sociétés minières, de transport, industrielles, les Compagnies d'assurances, etc., notamment les dispositions essentielles des statuts, — les titres en circulation, — le revenu et le cours moyen des titres pour le dernier exercice, — les époques et lieux de paiement des coupons, etc. — Une liste des agents de change de Paris et des départements, et une autre des principaux banquiers de Paris, Lyon, Marseille, Bordeaux, Toulouse et Nantes, complètent le volume. — Un vol. in-18, br., d'environ 700 pages. — Prix : 10 fr. (franco : 11 fr. 25).

NOUVEAU PLAN DE PARIS au 1/16 000e, imprimé en trois couleurs. Avec des cartouches spéciaux au 1/8 000e pour faciliter les recherches dans les parties les plus chargées du plan. — Prix : en feuille roulée, 5 fr. ; collé sur toile et plié dans un étui, 16 fr.; collé sur toile, monté sur baguettes et verni, 28 fr. Port en sus : en feuille, 3 fr. 50 ; en étui, 1 fr. 25 ; monté baguettes, 2 fr. 50.

NOMENCLATURE DES RUES Comportant le plan ci-dessus, et donnant les adresses des établissements publics, les jours et heures d'entrée dans les musées et bibliothèques, etc., etc. Prix, cartonné, 5 fr. Port en sus, 0 fr. 70.

J. LESQUENDIEU, Parfumeur, PARIS

J. LESQUENDIEU, Parfumeur, PARIS

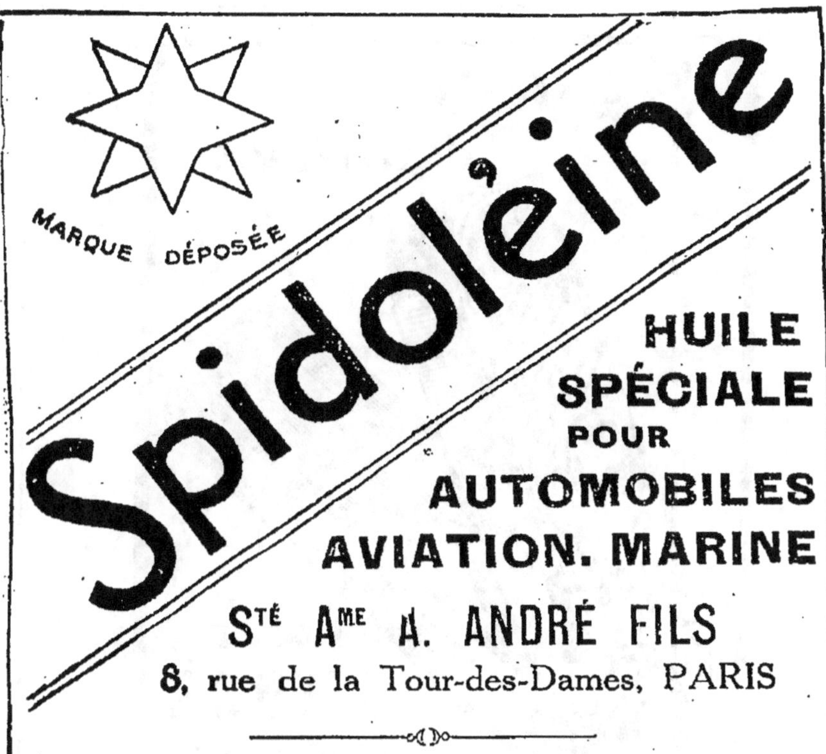

MARQUE DÉPOSÉE
Spidoléine
HUILE SPÉCIALE POUR AUTOMOBILES AVIATION. MARINE
Sté Ame A. ANDRÉ FILS
8, rue de la Tour-des-Dames, PARIS
AGENCES en FRANCE
LYON — BORDEAUX — NANTES
ROUEN — MARSEILLE — NANCY
LILLE — DIJON — METZ
STRASBOURG — MULHOUSE
PAU - VALENCE - GRENOBLE
AMIENS — RENNES — TOULOUSE
EN VENTE dans tous les GARAGES

SAVON
dentifrice

Dentifrice PIERRE
Savon du DOCTEUR DE LA FACULTÉ DE MÉDECINE DE PARIS

Docteur
PIERRE
de la Faculté de
Médecine de Paris.

Fraîcheur de la Bouche
Eclat des Dents.
Boîte légère, élégante et pratique.

UNE MERVEILLE pour les CHEVEUX
PÉTROLE
CRISTALLISÉ LARY
Ininflammable, Agréable, Actif
EN VENTE: DANS LES GRANDS MAGASINS

É

m
le
J.

                    Type B—4

DAX

(LANDES)   **DAX**   (LANDES)

STATION THERMALE & SALINE D'HIVER & D'ÉTÉ

CLIMAT TEMPÉRÉ ET SÉDATIF

SUR LA GRANDE LIGNE DE PARIS A MADRID
Desservie par les trains Express, Rapides, de Luxe, Wagons-Lits
A 10 heures de Paris
A 1 h. de Biarritz et de Pau, à 1 h. 1/2 de Lourdes, à 2 h. de Bordeaux

EAUX HYPERTHERMALES

(64° cent.)   SULFATÉES CALCIQUES   (64° cent.)

BOUES THERMALES VÉGÉTO-MINÉRALES

Les plus complètes — Les plus actives

Établissement et Hôtel DES	Gd Établissement et Gd Hôtel DES
GRANDS THERMES	**BAIGNOTS**
Situés au centre de la ville et en face du Casino et des Bains salés	OUVERTS TOUTE L'ANNÉE
OUVERTS TOUTE L'ANNÉE entièrement remis à neuf avec tout le confort moderne	Pension. 1re et 2e classes, prix modérés Ascenseurs — Téléphone n° 19 *Éclairage électrique*
Ascenseur, lumière électrique, chauff central, distribution d'eau chaude et froide, garages, box fermes, tél. n° 17	*Chauffage par l'eau des geysers* Les malades suivent leur traitement sans sortir de l'hôtel
Galeries-promenoirs à tous les étages Les bains sont immédiatement situes dans le sous-sol de l'hôtel	*Boues végéto-minérales Eaux thermo-minerales (64°) Deux grands geysers d'eau à 64°*
Bains de boues et applications locales de boues — Installations hydrothérapiques remarquables	Bains de boues, Applications locales de boues, Douches, Bains de vapeur (complets et partiels), Massage, Mécanothérapie.
Direction médicale Docteurs R. Larauza et A. Delmas	Sous la direction médicale de M. le Dr Louis Lavielle

GUÉRISON DU RHUMATISME SOUS TOUTES SES FORMES
HYDARTHROSE, ARTHRITES SÈCHES, NÉVRALGIES SCIATIQUES

ENVOI FRANCO DE PROSPECTUS ET BROCHURES MÉDICALES, S'ADRESSER A LA DIRECTION

EAUX SALÉES	**EAUX MÈRES**
CHLORURÉES SODIQUES FORTES	BROMO-IODURÉES

THERMES-SALINS
BAINS SALÉS ET DOUCHES SALÉES

Installation spéciale pour bains et douches pour les enfants
Pour le traitement des maladies des enfants et des dames : *Anémie, lymphatisme, scrofulose, paralysie infantile, affections utérines, névroses.*
Sous la direction médicale de MM. les Docteurs Bourretère père et fils, Cayla, Consirolle, Dabadie, Defonq, Delmas, Dufau, Feraud, Larauza, Ribérol, René et Louis Lavielle, Picot.
Autres établissements : Bains Lauquet. Hôtel-Établissement "Dax Thermal." Bains Lavigne. Thermes Romains. Bains Lacouture. Bains Sarrailh.

Appartements meublés, Pensions, Villas
INSTITUT DE MÉCANOTHÉRAPIE ZANDER

CASINO

HENDAYE-PLAGE

But et centre d'excursions. — Mer et montagne

ÉTÉ
Magnifique plage exposée au nord. — Cité-Jardin. — Grande Digue. Promenade.

HIVER
Conché exposé au midi. — Eau de source. — Egouts. — Eclairage électrique.

GRAND HOTEL ESKUALDUNA

De tout premier ordre

125 chambres — 75 salles de bains — Electricité — Ascenseur

PRIX DE PENSION POUR FAMILLES

Casino — Grand Parc des Sports — Golf — Tennis, etc.

Hendaye
GRAND HOTEL CONTINENTAL ET DE LA PLAGE

De premier ordre. — Sur la plage. — Magnifique vue sur le cap
Figuié, Fontarabie et les Pyrénées espagnoles. — Electricité. — Bains.
— *Téléphone*. — Garage et fosse gratuits. — Chauffage central.

Clément BERDOU, Propriétaire

Hyères
GRIMM'S PARK HOTEL

Ancien Jardin Louis-XIV

Tout le confort moderne. — Prix modérés

Téléphone 118

Hyères-les-Palmiers
HOTEL DES PALMIERS

Le plus grand et le mieux situé à Hyères. — **Grand restaurant.** — Nombreux
appartements avec salles de bains et W.-C. attenants — Chauffage central dans toutes
les chambres. — Ascenseur — Billard — **Grand Garage avec fosse** — Entièrement
remis à neuf en 1920. — Grand parc avec tennis — Croquet et Golf à proximité — Plein
midi. — Toutes les chambres jouissent d'une vue superbe sur la mer et les îles d'Hyères.

Hyères
HOTEL DES AMBASSADEURS ET VICTORIA

Plein midi. — Vue superbe sur la mer et les Iles d'Or. — Eau courante chaude et
froide. — Appartements avec bain. — Chauffage central. — Ascenseur. — Jardin-golf
à proximité. — Cuisine soignée. — Prix modérés. — Garage. — Téléphone 0.56. —
Télégrammes : Ambassadeurs.

MERVEILLES DES PYRÉNÉES

Les Grottes de Betharram sont des plus belles qui existent par leurs richesses en stalagmites et stalactites. Ces *grottes* ont été aménagées avec un goût artistique et une ingéniosité remarquable ; la lumière électrique y est répandue à profusion. Rivière souterraine. Promenade en gondoles. Visions féeriques.

Route carrossable jusqu'aux *grottes* mêmes.

SERVICE JOURNALIER EN AUTOS-CAR

1ᵉʳ départ... 8 h. matin
2ᵉ départ.... 1 h. après-midi

Retenir ses places à l'avance, Bureau des Grottes, place Mgr-Laurence, à côté de l'HOTEL ROYAL.

NE PAS CONFONDRE

MONTE-CARLO

(Ouvert toute l'année)

SAISON D'HIVER ET SAISON D'ÉTÉ

25 minutes de Nice — 10 minutes de Menton

LE TRAJET DE PARIS A MONACO SE FAIT EN 13 HEURES
DE LYON EN 8 HEURES, DE MARSEILLE EN 4 HEURES
DE GÈNES EN 6 HEURES

Casino de Monte-Carlo

Le Climat le plus sain
Le Séjour le plus agréable

Traitement *Mécano-électro-hydrothérapique à l'Établissement thermal.*
— *Buvette de toutes les eaux de cure.*

TOUTES LES MANIFESTATIONS ARTISTIQUES
TOUS LES SPORTS - GOLF - TENNIS

Nice

HOTEL MIRABEAU

15, avenue Malausséna

Ouvert toute l'année. — Confort moderne. — Chauffage central. — Ascenseur. — Téléphone 33-67.

VIAL, Propriétaire

Nice

HOTEL-PENSION BEAU-SOLEIL

1, Avenue Notre-Dame

Ouvert toute l'année. — Situation tranquille. — Plein midi. — Chauffage central. — Jardin. — Salles de bains. — Service par petites tables. — Cuisine soignée. — Pension d'hiver de décembre à avril depuis 20 francs. Pension d'été depuis 16 francs.

C. DUCOEUR, Propriétaire

Nice

HOTEL-VILLA SAINT-PIERRE

2, Avenue des Fleurs

Près la promenade des Anglais. — Arrêt du tramway. — Ouvert toute l'année. — Recommandé aux familles. — Chauffage central. — Salles de bains. — Jardin. — Cuisine soignée. — Service par petites tables. — Pension d'hiver depuis 18 francs. — Pension d'été de mai à novembre depuis 15 francs. VAUDOUX, Propriétaire

Nice

PENSION MASSELIN

115, boulevard Gambetta

Plein midi. — Chauffage central. — Jardin. — Chambres confortables et cuisine très soignée faite par le propriétaire. — Pension depuis 16 francs. — Saison d'été : Châtel-Guyon. Hôtel-Pension KREMER

Nice

HOTEL DE BRUXELLES

Restaurant

17, rue de Belgique. — En face de la gare. — Ouvert toute l'année. — Confort moderne. — Chauffage central. — Salles de bains. — Correspondant du T.C.F. belge-italien. — Déjeuner 6 francs. — Dîner 6 francs. — English spoken. — Si parla italiano

Nice

HOTEL D'ORSAY ET DE LA GARE

MEUBLÉ

20, rue d'Alsace-Lorraine

Complètement remis à neuf. — Plein midi. — Chauffage central. — Salles de bains. — Téléphone 45-02.

Nice

HOTEL DU MIDI

MEUBLÉ

16, rue d'Alsace-Lorraine. — Ouvert toute l'année. — A une minute de la gare. — Chauffage central. — Salles de bains. — Chambres confortables et propres depuis 5 francs. Mme BRETON, Propriétaire

Nice

RESTAURANT DES GOURMETS

9, place Masséna

Plein centre. — Prix fixe, 6 fr. 25 et 10 fr. 25. — Service à la carte. — Spécialités niçoises. — Cuisine très soignée. — Cave réputée. — English spoken. — Téléphone 32-63. Fils PRAT, Propriétaires

ALGER

Reine des Stations hivernales

(à 24 heures de Marseille)

Temps printanier tout l'hiver (température moyenne : 15° centigrades). — Hôtels confortables. — Grandes facilités d'existence. — Nombreuses fêtes à cachet local. — Promenades sans pareilles. — Excursions admirables dans l'intérieur du pays.

Pour tous renseignements sur séjour et organisation d'excursions s'adresser au SYNDICAT D'INITIATIVE D'ALGER

(EX-COMITÉ D'HIVERNAGE ALGÉRIEN)

3, rue Dumont-d'Urville, à ALGER

(*Réponse par retour du courrier, contre envoi du timbre-poste*)

L'ALGÉRIE

Pays de tourisme incomparable

(Voies ferrées, Autobus, 10 000 kil. de routes en parfait entretien)

Sites pittoresques. — Populations originales. — Régions d'une infinie variété (le littoral, la plaine, la montagne, les hauts plateaux, les monuments de la domination romaine, les oasis et le désert).

Tous renseignements sont transmis immédiatement par la

Fédération des Syndicats d'initiative d'Algérie

3, rue Dumont-d'Urville, à ALGER

(*Prière d'adresser un timbre-poste pour la réponse*)

     Type B—6

SAN SÉBASTIAN
(ESPAGNE)
La plus belle plage du Monde

Climat incomparable toute l'année
La mer et la montagne réunies

II heures de Paris
20 minutes de la frontière française (Hendaye)

SAISON D'HIVER, Printemps. SAISON D'ÉTÉ, Automne

Tirs aux pigeons. — Courses de taureaux, les meilleures en Espagne. — Grandes régates internationales, les plus importantes du littoral. — Concours hippique international avec des prix très importants. — Footbal. — Tennis. — Golf. — Pêche. — Tous les sports. — Centre d'excursions. — Pays splendide.

GRANDES COURSES DE CHEVAUX
Deux meetings par an : Avril-Mai et Septembre-Octobre
Un million et demi de prix

GRAND CASINO *Ouvert toute l'année*
MÊMES ATTRACTIONS QUE SUR LA RIVIERA

Orchestre de 80 musiciens. — Deux concerts par jour. — Concerts classiques. — Concerts artistiques avec les plus grands artistes. — Festivals. — Représentations théâtrales. — Grands bals cotillons. — Fêtes de nuit. — Restaurant de tout premier ordre à prix fixe et à la carte. — **OUVERT TOUTE L'ANNÉE.**

ALCOOL DE MENTHE
DE
RICQLÈS

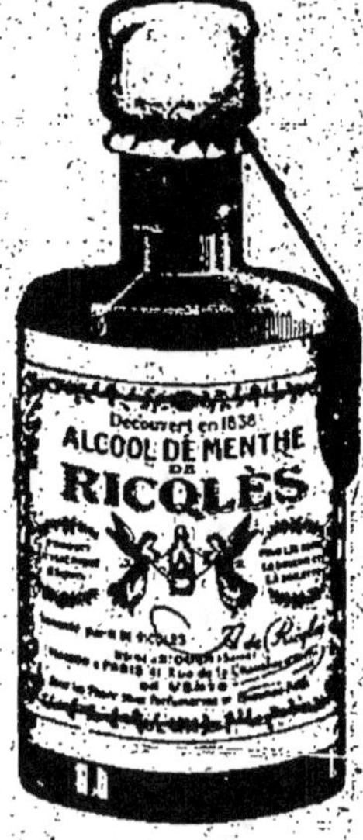

Quelques gouttes
sur du sucre
dans un verre d'eau
dans un grog chaud
favorisent la digestion

**Produit hygiénique
indispensable en voyage**

Au bord du Lac du Bourget, en Savoie, à 8 heures de Paris

AIX=LES=BAINS

Cure Thermale
célèbre dans le monde entier
pour la guérison de la goutte et du rhumatisme
Le plus beau
Centre du Tourisme dans les Alpes
Deux somptueux Casinos

TOUS LES SPORTS

GOLF — TENNIS — YACHTING

Pour renseignements et brochures écrire :
Au Comité d'Initiative, à Aix-les-Bains

BÉNÉDICTINE
D.O.M
SEM
"La Grande Liqueur Française"